MW00967233

El Libro
de Adoración

El Libro de Adoración

Spanish Book of Worship

 Preparado por la Oficina de Teología y Adoración

Para La Iglesia Presbiteriana (E.U.A.)

Publicado por

Geneva Press
Louisville, Kentucky

Diseño del libro: Sharon Adams
Diseño de portada: Teri Kays Vinson

Primera edición
Publicada por Geneva Press
Louisville, Kentucky

Este libro se imprime en papel neutro o sin ácido que cumple con el estándar Z39.48 del American National Standards Institute. ♾

IMPRESO EN LOS ESTADOS UNIDOS DE AMÉRICA

Library of Congress Cataloging-in-Publication Data

El libro de adoración / preparado por la Oficina de Teología y Adoración para la Iglesia Presbiteriana (E.U.A.) = Spanish book of worship — 1. ed.
    p. cm.
  In Spanish; introductory matter in Spanish and English.
  ISBN 978-0-664-50241-6 (alk. paper)
  1. Presbyterian Church (U.S.A.)—Liturgy—Texts. I. Presbyterian Church (U.S.A.). Office of Theology and Worship.   II. Title: Spanish book of worship.
  BX8969.5.L53   2009
  264'.05137—dc22

                                                        2008039359

Contenido

Introducción

La Biblia y las confesiones nos enseñan que hemos sido creados para adorar a Dios. El Catecismo Mayor de Westminster, en sus preguntas sobre el primer mandamiento en Éxodo, lo establece de esta manera:

> P. 103. ¿Cuál es el primer mandamiento?
> **R. El primer mandamiento es:**
> **«No tendrás dioses ajenos delante de mi.»**
>
> P. 104 ¿Cuáles son los deberes exigidos en el primer mandamiento?
> **R. Los deberes exigidos en el primer mandamiento son:**
> **conocer y confesar que Dios es el único Dios verdadero,**
> **y que es nuestro Dios;**
> **y que de acuerdo a esto le adoremos y glorifiquemos.**
> (*Libro de Confesiones*, Iglesia Presbiteriana (E.U.A.), Oficina de la
> Asamblea General, 7.213-7.214)

El ser adoradores es nuestro llamado como hijos e hijas de Dios. La adoración es parte integral de nuestra vida. Para poder pensar, sentir, comportarnos y reaccionar como personas cristianas, debemos participar de la adoración del pueblo de Dios.

La adoración dentro del contexto reformado está fundamentada en la tradición histórica litúrgica, y es enriquecida por las nuevas perspectivas que ofrecen las artes y la música en estos tiempos. La iglesia hereda de las tradiciones culturales y religiosas de Israel, de la iglesia primitiva, de la reforma protestante y de las nuevas formas que continúan surgiendo a través de los tiempos. Dentro de la Iglesia Presbiteriana en los Estados Unidos de América y Puerto Rico existe variedad o diversidad en cuanto a patrones o estilos.

Lo importante dentro de cada contexto o estilo es que toda adoración debe ser dirigida exclusivamente al Dios Trino—al Padre, por medio de Jesucristo, en el Espíritu Santo. Como dice nuestro *Libro de Orden*:

La adoración cristiana adscribe alegremente toda alabanza y honor, gloria y poder al Dios trino. En la adoración el pueblo de Dios reconoce su presencia tanto en el mundo como en su vida. Cuando el pueblo responde al reclamo de Dios, y a su acción redentora en Jesucristo, los creyentes son transformados y renovados. En la adoración los fieles se ofrecen a sí mismos a Dios, y son equipados para su servicio al mundo. (W-1.1001)

Nuestra adoración siempre es una respuesta a la iniciativa de Dios, a lo que Dios ha hecho en Jesucristo. El *Libro de Orden* explica, «En Jesucristo, Dios penetró totalmente la condición humana a través de un acto de auto-revelación, redención y perdón. Penetrando al mundo fraccionado, Dios en Jesucristo pagó por el pecado y restauró la vida humana.» (W-1.1002c) Podemos responder a esta dádiva maravillosa solamente por el poder del Espíritu Santo, como dice el *Libro de Orden*:

El Espíritu de Dios alerta al pueblo a tener conciencia de la gracia de Dios y de su llamamiento a sus vidas. El Espíritu les capacita para responder nombrando y clamando a Dios, recordando y proclamando los actos de su auto-revelación, en acciones y palabras, y al comprometer sus vidas con el Reino de Dios en el mundo. (W-1.1002a)

En el centro de la adoración cristiana está la Palabra de Dios: «La Escritura, la Palabra escrita; la predicación, la Palabra proclamada; y los Sacramentos, la Palabra actualizada y sellada.» Todos los aspectos de la adoración «dan testimonio de Jesucristo, la Palabra Viviente. A través de la Escritura, la proclamación y los Sacramentos, Dios en Cristo se hace presente por el Espíritu Santo que actúa para transformar, dar poder y sustentar las vidas humanas.» (W-1.1004)

La Palabra de Dios es el principio y el fin de la adoración cristiana. Sin embargo, este *Libro de Adoración* no es la palabra final en cuanto a liturgia se refiere. Como el servicio del pueblo de Dios, la liturgia es parte de un pueblo en peregrinaje en continua reforma, siendo esta dirigida por la Palabra y el Espíritu de Dios. Como nos dice el *Libro de Orden*:

La iglesia siempre ha experimentado una tensión entre forma y libertad, en el asunto de la adoración. En la historia de la iglesia, algunos han ofrecido formas establecidas para el ordenamiento de la adoración, de acuerdo con la Palabra de Dios. Otros, en el esfuerzo por ser fieles a la Palabra, se han resistido a imponer formar fijas sobre la comunidad adoradora. La Iglesia Presbiteriana (E.U.A.) reconoce que toda forma de adoración es provisional y está sujeta a reforma. En el ordenamiento de la adoración la iglesia ha de perseguir apertura a la creatividad del Espíritu Santo, el cual conduce a la iglesia en la adoración ordenadamente, y sin embargo espontáneamente, consistente con la Palabra de Dios y abierta al futuro novedoso de Dios. (W-3.1002)

Por tanto, el propósito de ésta obra es enseñar y edificar a aquellas personas que sirven en el ministerio de la iglesia, y facilitar una adoración que sea fiel a nuestras tradiciones históricas y además auténtica al reconocer nuestros contextos culturales contemporáneos. Se recomienda que aquellas personas que utilicen este libro sean creativas y reflexivas, además de mantenerse receptivas a las nuevas ideas y reformas sugeridas en este documento y también a otros modelos y recursos. Este no es un libro de reglas, sino que contiene recomendaciones dentro de la tradición reformada. Lo importante es no perder nuestra herencia teológica ni nuestra identidad de pueblo.

En realidad, la teología, la adoración, la cultura, y la identidad son factores que son inseparables en nuestras congregaciones. Sin embargo, ningún conjunto singular de estos factores pueden caracterizar la amplitud de la adoración hispana presbiteriana. Existen congregaciones hispanas presbiterianas donde el ritmo latino, la métrica establecida, y los instrumentos autóctonos tienen su lugar en el culto. Otras congregaciones hispanas se adhieren al sistema tradicional del órgano, piano y ritmos clásicos. En la mayoría de nuestras iglesias presbiterianas hispanas predomina el estilo contemporáneo, con un balance entre lo nuevo y lo tradicional. No debemos de olvidar éste factor balance: Balance entre orden y libertad, balance entre estilos antiguos y formas nuevas y el balance entre las influencias de nuestras diversas culturas.

Finalmente, la adoración cristiana es obra de la comunidad de fe. El *Libro de Orden* afirma:

> Desde el principio Dios creó hombres y mujeres para formar comunidad, e invitó a un pueblo a hacer un pacto. Jesús llamó, comisionó y prometió estar presente entre quienes se reúnen en su nombre. El Espíritu Santo llama, reúne, ordena, y da poder a la nueva comunidad del pacto. A cada miembro, el Espíritu le otorga dones para edificar el cuerpo de Cristo y para equiparlo para la labor del ministerio. La respuesta cristiana a Dios, de parte de una persona, se expresa en términos de comunidad. (W-1.1005a)

Al depositar este documento en sus manos afirmamos que la adoración es central, vital y esencial para la vida de cada persona cristiana de cualquier congregación, y para el desarrollo de la iglesia entera. La adoración es un estilo de vida que abraza la totalidad de la vida. Por tanto, damos gloria a Dios con todo lo que somos, con los pueblos de toda la tierra, y con la creación en conjunto, diciendo con el salmista:

> ¡Alaben al Señor desde la tierra,
> monstruos del mar, y mar profundo!
> ¡El rayo y el granizo, la nieve y la neblina!
> ¡El viento tempestuoso que cumple sus mandatos!

¡Los montes y las colinas!
¡Todos los cedros y los árboles frutales!
¡Los animales domésticos y los salvajes!
¡Las aves y los reptiles!
¡Los reyes del mundo y todos los pueblos!
¡Todos los jefes y gobernantes del mundo!
¡Hombres y mujeres, jóvenes y viejos!
¡Alaben todos el nombre del Señor,
pues sólo su nombre es altísimo!
¡Su honor está por encima del cielo y de la tierra!
(Salmo 148:7-13)

Este libro representa el producto del esfuerzo y compromiso del área de «Teología y Adoración» de la Iglesia Presbiteriana (E.U.A.), con las contribuciones de otras personas, incluyendo a Rubén Armendáriz, Mauricio Chacón, Marissa Galván-Valle, Juan Pérez Alda, Héctor Rodríguez, Gláucia Vasconcelos Wilkey y Magdalena García. Aunque hemos hecho todo el esfuerzo posible para reconocer a todas aquellas personas que han participado en esta tarea, expresamos sincera gratitud a aquellas personas cuyos nombres han sido omitidos inadvertidamente de este libro.

Orden de adoración para el Día del Señor

SU MOVIMIENTO Y SUS ELEMENTOS

Debido a su énfasis en la Escritura y el Sacramento, el cuerpo principal del servicio de adoración se mueve del oír al hacer, de la proclamación a la acción de gracias. El modelo básico se desarrolla en cuatro movimientos distintos: **la reunión**, **la Palabra**, **la acción de gracias**, y **la comisión y bendición**. Este modelo expresa integridad y fidelidad al proceso básico de la adoración bíblica, a nuestra teología reformada y a la historia de la adoración cristiana en todo el mundo. Este orden de adoración puede servir como base para todos los cultos de la iglesia. Se puede incluir música y otras artes que expresen la cultura específica de una comunidad como parte integral del movimiento del servicio.

La reunión

La gente se reúne en respuesta al llamamiento de Dios, para alabarle con palabras de las Escrituras, oraciones y cánticos. La gente reconoce su pecado y recibe la declaración del perdón de Dios.

La Palabra

Se leen las Escrituras del Antiguo y Nuevo Testamentos. De esta manera el pueblo de Dios recibe la Palabra de Dios en forma completa, en unidad. Se pueden incluir himnos y cánticos. Se predica el sermón. La gente responde a la Palabra de Dios con una afirmación de fe.

1

En el orden del servicio de adoración, el bautismo sigue a las lecturas de las Escrituras y al sermón, porque es un acto de respuesta a la gracia de Dios. Incluye afirmaciones con referencia al significado bíblico del bautismo, la responsabilidad que será asumida por quienes desean el bautismo para sí y/o para sus hijos/as y la función educadora a ser asumida por la iglesia. La afirmación de fe (credo), en domingos cuando se celebra el bautismo, se incluye en el momento del bautismo. Otros actos de dedicación y ritos pastorales, como recepciones de nuevos miembros, ordenaciones e instalaciones, pueden seguir a la proclamación de la Palabra.

Las oraciones del pueblo de Dios en gratitud por la gracia de Dios son expresadas, como también las peticiones de la comunidad.

La acción de gracias

Puesto que al oír sigue el hacer, se juntan las ofrendas y los diezmos.

Cuando se celebra la Cena del Señor, se prepara la mesa del Señor. Es apropiado celebrarla tan frecuentemente como cada Día del Señor, y el «Directorio para la Adoración» en el *Libro de Orden* establece que ha de ser celebrada regularmente y con tanta frecuencia que sea identificada como parte integral del Servicio del Día del Señor. Se ofrece una oración en la cual Dios es alabado por su creación, se recuerda la historia de salvación en Jesucristo con acción de gracias y se reconoce la presencia del Espíritu sobre y en la Iglesia. Se sigue con el Padre Nuestro. Se parte el pan, se echa el jugo de la vid en la copa y se da el pan y el vino a los congregantes.

Cuando no se celebra la Cena del Señor, se ofrece una oración de gracias y se dice el Padre Nuestro.

La comisión y bendición

Después de un cántico de clausura, se envía a la congregación para servir en el nombre de Dios y con la bendición del Trino Dios.

MODELO BÁSICO CON LOS SACRAMENTOS

La reunión

Llamamiento a la adoración
Oración de adoración
Himno de adoración
Confesión y perdón
Saludo de la paz
Cántico, salmo o himno

La Palabra

Oración de iluminación
Primera lectura
Salmo
Segunda lectura
Canto coral, himno, salmo o cántico
Lectura del Evangelio
Sermón
Invitación
Himno, salmo o cántico

Cuando no hay un bautismo:	*Cuando hay un bautismo:*
	Presentación de las personas candidatas
Afirmación de fe	Afirmación de fe (El Credo de los Apóstoles)
[Ritos pastorales: ordenación, instalación,	Oración de bautismo
recepción de nuevos miembros,	
celebraciones especiales]	Acto de bautismo
Oración del pueblo	Bienvenida

La acción de gracias

Cuando se celebra la Santa Comunión:	*Cuando no se celebra la Santa Comunión:*
La ofrenda	La ofrenda
Invitación a la Mesa del Señor	Cántico de dedicación o doxología
Oración de acción de gracias	Oración de acción de gracias
El Padre Nuestro	El Padre Nuestro
Se parte el pan	

Se comparten el pan y la copa
Oración de gracias después de la comunión

La comisión y bendición

Himno, salmo o cántico
Comisión y bendición

ORDEN CON TEXTOS LITÚRGICOS Y CON LOS SACRAMENTOS

La Reunión

Se puede comenzar con un preludio.

Los saludos o los anuncios son parte de la vida de la iglesia. Se pueden hacer aquí o en la parte designada para responder a la Palabra.

El coro, solista o congregación podrá cantar uno o varios cánticos de adoración o introito coral. Este es un buen momento para cantar el salmo, si este tiene alguna adaptación con música.

Llamamiento a la adoración

Se pueden utilizar diferentes textos de las Escrituras. Si se utiliza el Leccionario Común, se puede utilizar el salmo como llamamiento a la adoración. Vea otros llamamientos a la adoración en las páginas 22–24.

LÍDER:	¡Canten al Señor con alegría, habitantes de toda la tierra!	*Salmo 100*
PUEBLO:	**Con alegría adoren al Señor. ¡Con gritos de alegría vengan a su presencia!**	
LÍDER:	Reconozcan que el Señor es Dios; Dios nos hizo y somos suyos.	
PUEBLO:	**¡Somos pueblo suyo y ovejas de su prado!**	
LÍDER:	Vengan a sus puertas, entren en su templo, cantando himnos de alabanza y gratitud; ¡Denle gracias, bendigan su nombre!	
PUEBLO:	**Porque el Señor es bueno; su amor es eterno y su fidelidad no tiene fin.**	

Oración de adoración

Himno de adoración

Se sugiere se canten himnos de la clasificación de adoración, alabanza o apertura.

Llamamiento a la confesión

LÍDER: Acerquémonos con corazones contritos y humillados
                delante de la presencia de nuestro Dios
                para confesar nuestras rebeliones y desobediencias,
                esperando en la gracia y el perdón de Dios.

Oración de confesión

*Se puede hacer individual y/o colectivamente. También se puede hacer incluyendo
un solo de canto o un canto coral. Se puede cantar una estrofa de un himno, salmo, o
cántico de confesión y arrepentimiento. Vea otras oraciones de confesión en las páginas
25–30.*

LÍDER: Por tu amor, oh Dios,   *Salmo 51*
                ten compasión de mí;
                por tu gran ternura
                borra mis culpas.

**PUEBLO: En tu inmenso amor y misericordia,
                perdónanos, oh Dios.**

LÍDER: Reconozco que he sido rebelde;
                mi pecado no se borra de mi mente.

**PUEBLO: En tu inmenso amor y misericordia,
                perdónanos, oh Dios.**

LÍDER: Contra ti he pecado, y sólo contra ti,
                haciendo lo malo, lo que tú condenas.

**PUEBLO: En tu inmenso amor y misericordia,
                perdónanos, oh Dios.**

LÍDER: Oh Dios, ¡pon en mí un corazón limpio!

**PUEBLO: ¡Dame un espíritu nuevo y fiel!
                Por Jesucristo, nuestro Señor. Amén.**

Declaración de perdón

Vea otras declaraciones de perdón en la página 31–32.

PASTOR/A: Cuando buscamos la voluntad de Dios en fe,
                su amor llega hasta nuestras vidas.
                Cuando nos esforzamos por servir a Cristo, y vivir en Él,

Dios consagra nuestros esfuerzos con su perdón
y misericordia.
Cuando confiamos en el Espíritu del Señor,
Dios nos restaura a su plenitud.
¡En Jesucristo somos perdonados!

PUEBLO: **¡Gracias sean dadas a Dios!**

Saludo de la paz

PASTOR/A: Porque Dios nos ha perdonado,
compartamos señales de reconciliación y de paz.
La paz de Cristo sea con ustedes.

PUEBLO: **Y también contigo.**

Cántico, salmo o himno

La Palabra

Oración de iluminación

Vea otras oraciones de iluminación en la página 33.

LÍDER: Dios Todopoderoso, con el poder de tu Espíritu Santo
abre nuestros corazones y nuestras mentes
de tal manera que,
al leer las Escrituras
y al proclamar tu Palabra,
podamos entenderla, oír con gozo,
y oyéndola, cumplir tu santa voluntad.[1]

PUEBLO: **Amén.**

Primera lectura

Usualmente lectura del Antiguo Testamento, excepto de los Salmos.

Después de la lectura:

LÍDER: La Palabra del Señor.

PUEBLO: **Gracias a Dios.**

---

1. Adaptado y traducido de «Prayer for Illumination» de *A Service of Word and Table I*, © 1972 Casa Metodista de Publicaciones, © 1980, 1985, 1989, 1992 Casa Metodista Unida de Publicaciones. Usado con permiso.

Salmo

Si hay alguna versión cantada, puede utilizarla aquí.

Segunda lectura

Una lectura de las Epístolas, los Hechos, o el Apocalipsis.

Después de la lectura:

> LÍDER: La Palabra del Señor.
>
> PUEBLO: **Gracias a Dios.**

Canto coral, himno, salmo o cántico

Lectura del Evangelio

Después de la lectura:

> LÍDER: El Evangelio del Señor.
>
> PUEBLO: **Gloria a ti, oh Cristo.**

Sermón

Invitación

Llamamiento al discipulado o llamamiento a la conversión.

Himno, salmo o cántico

Cuando no hay un bautismo:

Afirmación de fe

Se puede usar el Credo de los Apóstoles u otra afirmación de fe de las Escrituras o las Confesiones. Vea otras afirmaciones de fe en las páginas 34–42.

Ritos pastorales

Aquí se puede incluir confirmaciones o quinceañeras (páginas 70–75), ordenaciones e instalaciones (56–69), recepciones de nuevos miembros (50–55), u otras celebraciones especiales.

Cuando no hay un bautismo, el servicio sigue en la página 15.

El Bautismo

Este es un ejemplo a seguir para la ceremonia del bautismo. Después del sermón, puede cantarse un himno, salmo o cántico mientras los candidatos/as, padres / madres, pastor/a, ancianos/as y otros participantes se reúnen cerca de la fuente bautismal.

Presentación de los candidatos y las candidatas

PASTOR/A: Hermanos y hermanas, el bautismo se realiza
en respuesta al amor de Dios revelado en Jesucristo.
Por medio del sacramento del bautismo,
recibimos nuestra identidad:
somos seguidores de Cristo.
El bautismo nos marca como miembros del cuerpo
de Cristo, la Iglesia.
En el bautismo, Dios obra y reclama a las personas
bautizadas como hijos e hijas.
El bautismo es el comienzo de un compromiso
    de discipulado.
Dios nos llama a comprometernos,
y ya sea que tengamos pocos días o muchos años de vida,
venimos ante Dios como criaturas,
con nada que ofrecer por parte nuestra,
igualmente necesitando nueva vida.
En el sacramento del bautismo,
la gracia de Dios es don del Espíritu de Dios.

PUEBLO: **Hay un solo cuerpo y un solo Espíritu**   *Efesios 4:4-6*
y una esperanza en el llamado de Dios.

PASTOR/A: Hay un solo Señor, una sola fe, un solo bautismo,
un solo Dios Creador de nosotros.

El pastor o la pastora, o anciano/a presenta a los candidatos y se dirige a las personas que van a ser bautizadas:

PASTOR/A: Al presentarse para ser bautizado/a
usted proclama su fe en Cristo Jesús,
y anuncia su deseo de estudiarlo,
conocerlo, amarlo y servirlo
como un/a verdadero/a seguidor/a de Jesucristo.

A los padres / madres que traigan sus niños/as para ser bautizados/as se les dirá:

PASTOR/A: Al presentar a su hijo/a para bautizarse,
              ustedes proclaman su fe en Cristo Jesús,
              y manifiestan el deseo de que su hijo/a
              le estudie, le conozca,
              le ame, y le sirva
              como un/a verdadero/a seguidor/a de Jesucristo.

Declaración A (el bautismo de personas adultas o jóvenes)

Para personas adultas o jóvenes que no hayan sido bautizados/as. El pastor o la pastora se dirige al candidato/a:

PASTOR/A: *(Nombre)* ¿Desea usted ser bautizado/a en la fe
              y la familia de Jesucristo?

CANDIDATO/A: **Sí, deseo.**

PASTOR/A: ¿Desea renunciar al poder del mal
              y desea la libertad de la nueva vida en Cristo?

CANDIDATO/A: **Sí, deseo.**

PASTOR/A: ¿Quién es su Señor y Salvador?

CANDIDATO/A: **Jesús es mi Señor y Salvador.**

PASTOR/A: ¿Promete, por la gracia de Dios,
              seguir el camino de nuestro Salvador,
              resistir la opresión y el mal,
              mostrar amor y justicia,
              testificar de las obras y la palabra de Jesucristo,
              conforme a su capacidad?

CANDIDATO/A: **Sí, lo prometo, con la ayuda de Dios.**

PASTOR/A: ¿Promete, con la ayuda de Dios,
              de acuerdo con la gracia que ha recibido,
              crecer en la fe cristiana,
              estudiar las Escrituras,
              participar fielmente de los servicios de adoración
              con el pueblo de Dios,
              mantenerse como un fiel miembro de la Iglesia
                de Jesucristo,

celebrando su presencia,
y continuando su misión en todo el mundo?

CANDIDATO/A: **Sí, lo prometo, con la ayuda de Dios.**

Declaración B (el bautismo de niños/as)

Para padres/madres del niño/a que se va a bautizar. El pastor o la pastora se dirige a los padres/madres:

PASTOR/A: ¿Desean ustedes que este/a niño/a sea bautizado/a?

PADRE/MADRE: **Sí, deseo.**

PASTOR/A: ¿Quién es su Señor y Salvador?

PADRE/MADRE: **Jesús es mi Señor y Salvador.**

PASTOR/A: ¿Guiarán ustedes a este/a niño/a
a renunciar al poder del mal,
y a recibir la libertad de la nueva vida en Cristo?
¿Instruirán a este/a niño/a
de manera que pueda confesar
a Jesucristo como Señor y Salvador?

PADRE/MADRE: **Lo haremos, con la ayuda de Dios.**

PASTOR/A: ¿Prometen, con la ayuda de Dios,
seguir el camino de nuestro Salvador,
resistir la opresión y el mal,
mostrar amor y justicia,
y testificar de las obras y la palabra de Jesucristo,
conforme a sus capacidades?

PADRE/MADRE: **Lo haremos, con la ayuda de Dios.**

PASTOR/A: ¿Prometen, con la ayuda de Dios,
de acuerdo con la gracia que han recibido,
crecer con este/a niño/a en la fe cristiana,
estudiar y enseñarle las Escrituras,
y juntos participar fielmente de los
servicios de adoración
con el pueblo de Dios,
mantenerse como fieles miembros de
la Iglesia de Jesucristo,
celebrando su presencia,
y proclamando su misión en todo el mundo?

PADRE/MADRE: **Lo haremos, con la ayuda de Dios.**

Declaración de los padrinos o testigos

De los padrinos o testigos. El pastor se dirige a los padrinos o testigos del niño/a que será bautizado/a:

PASTOR/A:	¿Prometen ustedes, por la gracia de Dios,
	ayudar a la familia de (*Nombre*),
	rodearlos de amor y cuidado,
	y con ellos crecer en la fe cristiana,
	y testificar de las obras y la palabra de Jesucristo,
	conforme a su capacidad?

PADRINOS: **Sí, lo prometemos, con la ayuda de Dios.**

Declaración de la congregación

Dirigiéndose a la congregación:

PASTOR/A:	Ustedes que testifican y celebran este Sacramento:
	¿Prometen su amor, apoyo, y cuidado a quienes
	reciben el bautismo, mientras vivan y crezcan en Cristo?

PUEBLO: **Prometemos nuestro amor, apoyo y cuidado.**

Profesión de fe

La pastora se dirige a la congregación, y todos afirman su fe con las palabras del Credo de los Apóstoles:

PASTOR/A:	Unámonos en la profesión de la fe cristiana
	con toda la Iglesia Universal y en todo tiempo:

PUEBLO: **Creo en Dios Padre Todopoderoso,**
Creador del cielo y de la tierra;
y en Jesucristo, su único Hijo, Señor nuestro,
quien fue concebido por el Espíritu Santo,
nació de la virgen María,
padeció bajo el poder de Poncio Pilato,
fue crucificado, muerto y sepultado;
descendió a los infiernos;
al tercer día resucitó de entre los muertos;
ascendió al cielo
y está sentado a la diestra de Dios Padre Todopoderoso,
de donde vendrá a juzgar a los vivos y los muertos.

> Creo en el Espíritu Santo,
> la santa Iglesia Universal,
> la comunión de los santos,
> el perdón de los pecados,
> la resurrección del cuerpo,
> y la vida eterna. Amén.

Oración de bautismo

En este momento se pondrá agua en la fuente, de manera visible a todos, si no se ha hecho antes.

PASTOR/A: El Señor sea con ustedes.

PUEBLO: **Y también contigo.**

PASTOR/A: Dios de amor y gracia,
cuando nada existía sino el caos,
despejaste las tinieblas al moverte sobre las aguas.
Salvaste a Noé y a los que estaban en el arca.
Después del diluvio pusiste un arco iris en los cielos,
el arco iris de la promesa de tu amor y bondad.
Guiaste a tu pueblo Israel a través del mar.
Trajiste a tu pueblo por el río Jordán
hasta la tierra prometida.
En la plenitud del tiempo, mandaste a Jesucristo
en forma humana,
del vientre materno, protegido por agua.
Jesús fue bautizado en el Jordán,
ungido por el Espíritu Santo,
reunió a sus discípulos para que participaran con él
en el bautismo de muerte y resurrección.
Y ahora, Dios nuestro, te damos gracias
por la promesa tuya en este Sacramento.
Que al ser bautizados con agua,
tú nos bautices con tu Santo Espíritu,
de tal manera que lo que digamos sea tu palabra,
y lo que hagamos sea tu obra.

Derrama tu Santo Espíritu sobre quienes reciben el bautismo.
Lava su pecado,
vístelos de justicia,

para que muriendo y siendo resucitados con Cristo
puedan participar en su gloria final.
Gloria a ti, Dios eterno,
que fuiste, eres y serás.
En el nombre de Jesucristo, nuestro Señor.[2]

PUEBLO: **Amén.**

Acto de bautismo

Al bautizar a cada candidato/a, quien oficia usa el nombre cristiano, pero no el apellido; el agua debe ser derramada generosamente sobre la cabeza de cada candidato/a, en una forma visible para todos. El bautismo puede realizarse por aspersión o por inmersión. Después de pronunciar el nombre de la Trinidad, se invocará la presencia del Espíritu Santo sobre la persona que sea bautizada.

PASTOR/A: *(Nombre),* yo te bautizo
en el nombre del Padre, del Hijo y del Espíritu Santo.
Que el Espíritu Santo obre en ti,
para que habiendo nacido mediante el agua y el Espíritu,
puedas ser fiel a Jesucristo.

PUEBLO: **Amén.**

En este momento se podrá usar el acto de ungir, acto bíblico de gran significado espiritual. Se podrá usar aceite de oliva según la antigua costumbre de ungir a los profetas, sacerdotes y reyes. En el bautismo, nosotros somos parte del cuerpo de Cristo, el cual es un real sacerdocio (1 Pedro 2:9). La unción en el bautismo es un recordatorio de que todos los cristianos somos ungidos al entrar en este real sacerdocio. Quien oficia podrá ungir la frente de la persona bautizada diciendo:

PASTOR/A: *(Nombre),* hijo/a de Dios,
en el bautismo has sido sellado/a por el Espíritu Santo,
y marcado/a como perteneciente a Cristo para siempre.

PUEBLO: **Amén.**

En este momento el pastor o la pastora, o anciano/a podrá presentar algo significativo, como un certificado de bautismo, una vela encendida (que recuerde como Jesucristo es la luz del mundo) una Biblia u otros símbolos cristianos apropiados.

2. Adaptado y traducido de «O God, Who Gave Us Birth...» de *A Service of Death and Resurrection,* © 1979, 1980, 1985, 1989, 1992. Casa Metodista Unida de Publicaciones. Usado con permiso.

Bienvenida

PASTOR/A: Ahora es nuestro gozo recibir
a esta persona en Cristo.
Miren cuánto amor nos ha dado Dios,
que podemos ser llamados hijos e hijas de Dios.
¡Y lo somos!

PUEBLO: **¡Aleluya! Amén.**

Se sigue con la oración de acción de gracias e intercesión. Se puede cantar un himno sobre el tema del bautismo, o algún cántico de acuerdo con nuestra cultura hispana.

Oración del pueblo

El/la pastor/a y la congregación pueden presentar a Dios los motivos de alegrías, tristezas y necesidades del pueblo, la comunidad y el mundo. Vea los ejemplos en las páginas 43–47.

La Cena del Señor

Este es un ejemplo a seguir para celebrar la Cena del Señor. Si no se celebra la Cena del Señor, el servicio sigue en la página 20.

La ofrenda

Mientras se recogen las ofrendas y los diezmos se puede preparar la mesa con el pan y el vino. Se colocan las ofrendas y los diezmos en un lugar que no sea la Mesa del Señor. En la mesa se ponen solamente los símbolos del cuerpo y la sangre de Jesucristo.

Se puede cantar un himno o cántico espiritual apropiado para la celebración de la Santa Comunión. También puede usarse un solo de canto o un canto coral.

Invitación a la Mesa del Señor

En este momento se pueden incluir las palabras de la institución de la Cena del Señor que se encuentran en I Corintios 11:23-26, o se puede incluir este texto en el cuerpo de la Gran Oración Eucarística en el momento apropiado, como sigue. También se pueden usar las palabras de la institución cuando se parte el pan.

PASTOR/A: Hermanos y hermanas,
ésta es la fiesta jubilosa del pueblo de Dios.
¡Mujeres, hombres, jóvenes, niños y niñas, vengan todos!
Las Escrituras dicen que la gente ha de venir
del norte y del sur,

del este y del oeste,
para sentarse a comer en el reino de Dios.
Esta es la Mesa del Señor.
Cristo, nuestro Señor, invita a su mesa a quienes le aman.
Vengan todos a la fiesta que el Señor ha preparado.

Oración de acción de gracias

En la tradición reformada, en este momento se ofrece una oración en la cual se alaba a Dios por su creación y providencia. Se expresa con gratitud la historia de salvación relatando cómo Dios rescata a su pueblo. Se recuerda la obra redentora de Cristo con acción de gracias, y se reconoce la presencia del Espíritu sobre el pan, el vino y la Iglesia. La congregación debe participar integralmente en momentos apropiados. Al final se pueden incluir oraciones por la vida de la comunidad. El Padre Nuestro concluye la Gran Oración Eucarística.

PASTOR/A: El Señor sea con ustedes.

PUEBLO: **Y también contigo.**

PASTOR/A: Eleven sus corazones.

PUEBLO: **Los elevamos al Señor.**

PASTOR/A: Demos gracias a nuestro Dios.

PUEBLO: **Es digno y justo darle gracias y alabarle.**

PASTOR/A: Es verdaderamente digno y justo darte gracias
en todo tiempo y en todo lugar, Dios Todopoderoso.
Te damos gracias por el regalo de la creación
y especialmente por el don de nuestra vida.
Te agradecemos por habernos hecho a tu imagen
y por perdonarnos cuando actuamos
como si no tuvieses control de nuestras vidas.
Te agradecemos por mantenernos en tu inmenso amor,
Y así, con todo tu pueblo,
con ángeles, arcángeles,
y con toda la compañía del cielo
alabamos y magnificamos tu glorioso nombre,
unidos en el himno eterno:

PUEBLO: *(hablado o cantado)* **Santo, santo, santo, Señor Dios Todopoderoso.**
Llenos están los cielos y la tierra de tu gloria.
¡Hosanna en las alturas!

**Bendito sea el que viene en el nombre del Señor.
¡Hosanna en las alturas!**

PASTOR/A: Santo eres tú, y bendito es tu Hijo, Jesucristo,
que nació de María,
y participó de las alegrías y tristezas de la vida
tal como las conocemos.
Ungiste a Jesucristo con tu Espíritu
para predicar buenas nuevas a los pobres,
sanar a los quebrantados de corazón,
proclamar libertad a los cautivos,
dar vista a los ciegos,
y poner en libertad a los oprimidos,
proclamando el año agradable del Señor.
En su bautismo, sufrimiento, muerte y resurrección
diste nacimiento a tu Iglesia,
e hiciste con nosotros un nuevo pacto
en el agua y en el Espíritu.

*Siguen las palabras de la institución (1 Corintios 11:23-26) cuando el texto no fue
pronunciado al principio de la Eucaristía o al partir el pan:*

PASTOR/A: «Yo recibí del Señor esta enseñanza que les dí:
Que la misma noche que el Señor Jesús fue traicionado,
tomó en sus manos el pan;
y, después de dar gracias a Dios, lo partió, y dijo:
"Esto es mi cuerpo dado en favor de ustedes;
hagan esto en memoria de mí."
Así también, después de la cena tomó la copa y dijo:
"Esta copa es el nuevo pacto confirmado con mi sangre.
Cada vez que beban, háganlo en memoria de mí."
De manera que, hasta que venga el Señor,
ustedes proclaman su muerte.»
Recordando los méritos de tu Hijo, Jesucristo
tomamos de la creación este pan y este vino,
y con alegría celebramos su muerte y resurrección,
esperando el día de su venida
proclamando el misterio de la fe:

PUEBLO: *(hablado o cantado)* **Cristo ha muerto,
Cristo ha resucitado,
Cristo vendrá otra vez.**

PASTOR/A: Derrama tu Santo Espíritu sobre nosotros
                y sobre estos tus dones de pan y vino,
                para que el pan que partimos
                y la copa que bendecimos
                sean para nosotros y nosotras
                el cuerpo y la sangre de Cristo.
                Haznos uno con Cristo,
                uno con nuestros prójimos,
                y uno en servicio a todo el mundo.
                Aquí se pueden incluir oraciones intercesoras.
                Por Cristo, con Cristo, en Cristo,
                en la unidad del Espíritu Santo,
                a ti sean todo honor y gloria,
                Dios Omnipotente,
                desde ahora y para siempre,
                en el nombre de Jesucristo.

PUEBLO: **Amén.**

El Padre Nuestro

PASTOR/A: Con la certeza de ser hijos e hijas de Dios, oramos:

PUEBLO: **Padre nuestro que estás en los cielos,**
                santificado sea tu nombre.
                Venga tu reino. Hágase tu voluntad,
                como en el cielo, así también en la tierra.
                El pan nuestro de cada día, dánoslo hoy.
                Y perdónanos nuestras deudas
                como también perdonamos a nuestros deudores.
                Y no nos dejes caer en tentación,
                mas líbranos del mal;
                porque tuyo es el reino, el poder, y la gloria,
                por todos los siglos. Amén.

Se parte el pan

Se parte el pan de una manera visible a todos. Se puede usar las palabras de institución (vea las páginas 15-16), o éstas palabras:

PASTOR/A: Cuando partimos el pan,
                compartimos en el cuerpo de Cristo.

Se derrama vino en una copa de manera visible a todos. Se puede usar las palabras de institución (15-16), o éstas palabras:

PASTOR/A: Cuando bebemos el vino,
               compartimos en la sangre de Cristo.

PUEBLO: *(hablado o cantado)* **Oh Cristo, Cordero de Dios,**
               que quitas el pecado del mundo
               ten misericordia de nosotros.
               Oh Cristo, Cordero de Dios,
               que quitas el pecado del mundo
               ten misericordia de nosotros.
               Oh Cristo, Cordero de Dios,
               que quitas el pecado del mundo,
               danos tu paz. Amén.

Se comparten el pan y la copa

Los ancianos y las ancianas gobernantes, o aquellas personas que designe el consistorio, comparten el pan y la copa con todos y dicen estas palabras u otras adecuadas:

ANCIANOS/AS: *(Nombre)*, el cuerpo de Cristo, partido por ti.
               (Nombre), la sangre de Cristo, derramada por ti.

La congregación podrá estar en silencio durante la Comunión, o cantar himnos apropiados para la ocasión. Un solo vocal o instrumental, o canto coral pueden ser usados.

Oración de gracias después de la Comunión

PUEBLO: **Misericordioso Dios,**
               te damos gracias por habernos invitado a esta Mesa.
               Te damos gracias por ser miembros del cuerpo de Cristo,
               y porque al participar de estos elementos
               Tú nos ratificas como comunidad de fe.
               Concédenos vivir en el mundo como discípulos,
               fieles y dedicados
               al servicio de todo el mundo.
               En el nombre de Jesucristo, nuestro Señor. Amén.

Si no se celebra la Cena del Señor, el servicio sigue aquí:

La ofrenda

Se pueden utilizar estas palabras como introducción:

PASTOR/A: Habiendo sido perdonados y reconciliados
                   ofrezcamos a Dios nuestras vidas,
                   y nuestras ofrendas y diezmos.

Cántico de dedicación o doxología

Mientras se recibe la ofrenda, un solo vocal o instrumental, o canto coral pueden ser usados. Después de que se recojan las ofrendas puede usarse un cántico de dedicación o la doxología.

Oración de gracias por los diezmos y las ofrendas

Se reciben las ofrendas y los diezmos con una breve oración de gracias y se colocan en un lugar que no sea la Mesa del Señor. En la mesa se ponen solamente los símbolos del cuerpo y la sangre de Jesucristo. Se puede terminar utilizando el Padre Nuestro para unir a toda la congregación en la oración.

El Padre Nuestro

PUEBLO: **Padre nuestro que estás en los cielos,
                 santificado sea tu nombre.
                 Venga tu reino. Hágase tu voluntad,
                 como en el cielo, así también en la tierra.
                 El pan nuestro de cada día, dánoslo hoy.
                 Y perdónanos nuestras deudas
                 como también perdonamos a nuestros deudores.
                 Y no nos dejes caer en tentación,
                 mas líbranos del mal;
                 porque tuyo es el reino, el poder, y la gloria,
                 por todos los siglos. Amén.**

La Comisión y Bendición

Himno, salmo o cántico

Comisión

LÍDER: Hermanos y hermanas,
                 manténganse despiertos y firmes en la fe.
                 Tengan mucho valor y firmeza.
                 Todo lo que hagan,

háganlo con amor.
Animen a los que están desanimados,
ayuden a los débiles,
y tengan paciencia con todos.
Y ahora, vayan en paz.

Bendición

Vea otros ejemplos en las páginas 48-49.

PASTOR/A: La gracia del Señor Jesucristo,
el amor de Dios,
y la comunión del Espíritu Santo
sean con todos ustedes ahora y siempre.

PUEBLO: **Amén.**

Un postludio u otra música apropiada puede seguir.

Oraciones y llamamientos adicionales

LLAMAMIENTOS A LA ADORACIÓN

(1)

LÍDER: Vengan a la casa de Dios
con una conciencia limpia
y avivemos el fuego del don de Dios.

PUEBLO: **Nos reunimos en este santuario**
para rendirte adoración y alabanzas, oh Dios,
porque no nos has dado espíritu de temor
sino de poder, amor y buen juicio.

LÍDER: Vengan a la casa de Dios
y disfrutemos del mensaje de redención,
porque nuestra confianza está en Cristo,
quien nos busca, nos salva y nos bendice.

PUEBLO: **Unidos en la fe de Jesucristo**
presentamos nuestras vidas por amor
para adorar su glorioso nombre
y celebrar su santa presencia.

(2)

LÍDER: La obra de Dios nos rodea.

PUEBLO: Respondemos con alabanza.

LÍDER: El amor de Dios es visible.

PUEBLO: Respondemos con fe.

LÍDER: La Palabra de Dios nos llama.

PUEBLO: Respondemos en esperanza.

LÍDER: La presencia del Espíritu nos llena.

PUEBLO: Respondemos con gozo.[3]

(3)

LÍDER: ¡Congréguese, toda la creación
para cantar alabanzas a Dios!

**PUEBLO: Venimos, trayendo nuestras historias
y ansiosos de oír las historias de otros.**

LÍDER: Traigamos nuestra sabiduría y nuestra adoración;
traigamos nuestra fe y nuestros sentimientos
a la presencia de Dios.

**PUEBLO: ¡Ven, Dios Creador! Créanos de nuevo.
¡Ven, Jesucristo! Camina con nosotros apaciblemente.
¡Ven, Santo Espíritu! Alienta a través de nuestras vidas.**

LÍDER: Llenemos el aire con cantos.

(4)

LÍDER: ¿De quién es el mundo?

**PUEBLO: El mundo y todo lo que hay en él pertenece al Señor;
la tierra y todo lo que habita en ella es de Dios.**

LÍDER: Adoremos a nuestro Dios cuya voluntad es la justicia
y la paz,
quien nos llama a actuar con justicia,
a amar misericordia y bondad,
y a andar sin pretensión, arrogancia o prejuicio,
humildemente con nuestro Dios.

---

3. «La obra de Dios nos rodea» del *Manual de Educación* (CLAI/PNUMA, 2005). Usado con permiso.

(5)

LÍDER: Señor toca mis labios

PUEBLO: y mi boca pronunciará tu alabanza.

LÍDER: Oh Dios, no tardes en salvarnos.

PUEBLO: Oh Señor, activa tu ayuda.

LÍDER: Oh Dios, muéstranos tu misericordia

PUEBLO: y concédenos tu salvación.

LÍDER: Este es el día que nuestro Señor Dios ha creado.

PUEBLO: Para que todos nos regocijemos y seamos felices.

ORACIONES DE CONFESIÓN

(1)

LÍDER: Confesemos nuestros pecados
secretos y ocultos,
que nos atemorizan y angustian;
apartándonos de Dios
y nuestros semejantes.

PUEBLO: **Dios, escúchanos.**

LÍDER: Confesemos las denuncias que hemos rehusado expresar en
nuestras sociedades, los acuerdos que permitieron que el
mal se multiplicase dando como fruto la destrucción y la
muerte.

PUEBLO: **Dios, escúchanos.**

LÍDER: Confesemos nuestra indiferencia en medio de la desunión,
nuestra facilidad para perpetuar los prejuicios,
rehusando ser el pueblo unido de Dios por el cual
Jesús oró.

PUEBLO: **Dios, escúchanos.**

LÍDER: Dios, para quien lo íntimo del corazón es manifiesto,
todo deseo conocido y ningún secreto encubierto,
perdona nuestros pecados
y decláranos la buena nueva
de ser un pueblo liberado.

(2)

LÍDER: Espíritu de gozo
a través de ti,
Cristo vive en nosotros y nosotros en él.
Perdónanos por olvidarte
y no permanecer en tu gozo.

PUEBLO: **Espíritu de Dios, perdónanos**
y condúcenos hacia la vida contigo.

LÍDER: Espíritu de amor,
tú nos mantienes unidos a ti
y a los que nos rodean:

a nuestra pareja, nuestra familia y amigos.
Perdónanos cuando herimos a nuestros seres queridos
y cuando despreciamos el amor de nuestros amigos.

PUEBLO: **Espíritu de Dios, perdónanos**
y condúcenos hacia la vida contigo.

LÍDER: Espíritu de Cristo,
tú nos unes en la Iglesia
por tu gracia vivificante y el don de la esperanza.
Perdónanos por fragmentar tu Iglesia
y por no poner en obra tu amor en el mundo.

PUEBLO: **Espíritu de Dios, perdónanos**
y condúcenos hacia la vida contigo.

LÍDER: Espíritu de Dios presente en el mundo,
que nos reconfortas y nos unes
los unos con los otros,
perdona nuestros conflictos y odios,
perdónanos por no reconocerte en medio nuestro,
a ti que vives en todos nosotros.

PUEBLO: **Espíritu de Dios, perdónanos**
y condúcenos hacia la vida contigo.

LÍDER: Como la paloma que se posa suavemente sobre el árbol,
recibe el espíritu de paz.
Como la llama que se eleva dando luz y calor,
recibe el don de la vida.
Como el viento que se mueve y gira alrededor de la tierra,
recibe el don precioso del Espíritu.

PUEBLO: **Amén.[4]**

(3)

PUEBLO: **Espíritu Santo, defensor y consolador,**
en ti celebramos la presencia liberadora del
Cristo vivo.
Soplas donde quieres, refrescando, renovando
e inspirando,

4. «Espíritu de gozo a través de ti...» por Susana Grados, Fany Saavedra y Javier Ochoa (se desconoce la publicación original). Usado con permiso de CLAI.

y purificas como el fuego.
Espíritu Santo, defensor y consolador,
tú denuncias la maldad en el mundo.
Tú revelas al mundo su pecado
y purificas como el fuego.
Límpianos, haznos trascender nuestros
      estrechos caminos.
Defiende, preserva y cuida a tu creación,
alimenta, sostén y guía a tus criaturas.
Espíritu Santo, defensor y consolador,
que purificas como el fuego,
te rogamos que nos purifiques también a nosotros.

(4)

LÍDER: Si decimos que no tenemos pecado,   *1 Juan 1:8-9*
              nos engañamos a nosotros mismos,
              y la verdad no está en nosotros.
              Si confesamos nuestros pecados,
              Dios es justo para perdonar nuestros pecados,
              y limpiarnos de toda maldad.
              (*Silencio*)
              Por rechazar y no creer en el poder de tu amor,
              y por nuestro temor de dar a la esperanza
              la libertad de crecer,
              Señor, perdónanos.

PUEBLO: **Señor, ten piedad.**

(5)

LÍDER: Mientras confesamos individualmente nuestras faltas
              y nuestro egoísmo ante nuestro Creador,
              observaremos juntos la disciplina del silencio.
              (*Silencio*)
              Dios eterno, has oído nuestra confesión.
              Ahora, como comunidad de fe,
              reconocemos públicamente nuestros pecados.

PUEBLO: **Dios misericordioso,**
              nos has llamado a ser un pueblo siervo,
              pero no hemos acogido tu llamado.

MUJERES: Hemos guardado silencio
cuando teníamos que haber proclamado
palabras de justicia, paz y amor.

HOMBRES: Hemos sido inútiles
cuando teníamos que habernos esforzado
con energía y creatividad.

MUJERES: Hemos sido tímidas en nuestras acciones,
cuando las circunstancias nos han exigido valentía
   y audacia.

HOMBRES: Hemos dado la espalda a los más necesitados,
y a nuestras propias familias,
en momentos de peligro y persecución.

MUJERES: No hemos denunciado los males de nuestra sociedad:
la injusticia, la violencia,
la avaricia y el prejuicio.

HOMBRES: Hemos buscado defender nuestros propios intereses
en vez de servir a los demás.
Así hemos negado la profundidad de tu amor.

MUJERES: Hemos confundido la mentira con la verdad,
y nuestra tierra nos acusa
por nuestra vanidad y prepotencia.

PUEBLO: **Dios eterno,
entristecidos por nuestros fracasos y nuestra debilidad,
clamamos a ti.
Ven, Espíritu Santo,
reestablece nuestras relaciones rotas.
Concédenos el bienestar total
que deseas para todo ser humano.
Restaura nuestra integridad.
Inspira en nosotros tu esperanza y tu valor.
Por Cristo te lo pedimos. Amén.**

LÍDER: El perdón es don de Dios
para quienes confían por fe en su misericordia.
En el nombre de Jesús de Nazaret,
hemos sido liberados.
¿Creen ustedes que Dios les ha perdonado?

MUJERES: Sí, creemos de todo corazón.

HOMBRES: Entonces, de aquí en adelante ustedes se llamarán
            «Liberadas».

MUJERES: Y ustedes se llamarán «Perdonados».

TODOS: **Si Dios no nos acusa,**
            dejemos de acusarnos mutuamente.
            Celebremos el amor de Dios
            y cantemos sus alabanzas.

LÍDER: Hermanas, hermanos, he aquí la buena nueva:
            Dios nos ha perdonado y nos llama
            a una vida nueva en Cristo Jesús.

PUEBLO: **Aleluya. Amén.**

(6)

LÍDER: Señor, toda la creación clama
            esperando la manifestación de los hijos e hijas de Dios,
            y nosotros no respondemos como tú quieres.

PUEBLO: **Perdónanos, Señor,**
            y danos tu Espíritu.

LÍDER: Nos llamas a vivir el Evangelio como fuerza transformadora
            para construir un mundo tierno y solidario,
            y nosotros todavía cultivamos el egoísmo y la violencia.

PUEBLO: **Perdónanos, Señor,**
            y renueva nuestras vidas.

LÍDER: Nos pides compartir la vida con el pobre,
            luchar por la justicia y contra la impunidad,
            pero nosotros evadimos los riesgos por temor
            y para asegurar nuestra comodidad.

PUEBLO: **Perdónanos, Señor,**
            y reanima nuestras conciencias.

LÍDER: Nos enseñaste a vivir en comunidad para alcanzar
            la unidad,
            sin embargo nosotros nos desintegramos,
            acentuando nuestras diferencias.

PUEBLO: **Perdónanos, Señor,**
            y ayúdanos a romper las barreras que nos separan.

LÍDER: Señor, nos ofreces tu ejemplo de sacrificio y amor.
                Nos has puesto para ser sal y luz en el mundo.
                Pero muchas veces hemos vivido
                a espaldas de nuestros semejantes.

PUEBLO: **Perdónanos, Señor,**
                y reintégranos a una vida consecuente para tu gloria.

DECLARACIONES DE PERDÓN

(1)

LÍDER: Cristo es nuestra paz: a quienes estaban divididos él
los unió.
Él ha roto las barreras de la división con su muerte
y nos ha formado en un solo cuerpo con Dios.
Señor, Hijo único, Jesucristo;
Señor Dios, Cordero de Dios, Hijo del Padre;
Tú que quitas el pecado del mundo,

PUEBLO: **Ten piedad de nosotros.**

LÍDER: Tú que quitas el pecado del mundo.

PUEBLO: **Atiende a nuestras súplicas.**

(2)

LÍDER: Cualquiera que está en Cristo
nueva criatura es;   *2 Corintios 5:17*
el pasado ha quedado atrás;
todo vuelve a ser puro y nuevo.
Amigas y amigos, crean en las buenas nuevas del evangelio:

TODOS: **En Jesucristo hemos sido perdonados.**

(3)

LÍDER: Dios, para quien lo íntimo del corazón es manifesto,
todo deseo es conocido y ningún secreto encubierto,
perdona nuestros pecados
y decláranos la buena nueva
de que somos un pueblo liberado.

(4)

LÍDER: Escuchen las buenas nuevas: *Romanos 5:8*
Dios muestra su amor para con nosotros,
en que siendo aún pecadores,
Cristo murió por nosotros.
En el nombre de Jesucristo, somos perdonados.
¡Gloria a Dios!

PUEBLO: **Amén.**

(5)

LÍDER: ¿Quién está en posición de condenar?   *Romanos 8:31-34*
Sólo Cristo, quien murió por nosotros,
quien resucitó por nosotros,
quien reina a la diestra de Dios y pide por nosotros.
Gracias sean dadas a Dios, que nos da la victoria,
por medio de nuestro Señor Jesucristo.

ORACIONES DE ILUMINACIÓN

(1)

LÍDER: Dios, abre nuestros corazones e ilumina nuestras mentes
para que estas palabras tuyas
sean para nosotros consuelo y desafío.
Especialmente te pedimos que nos ayudes a discernir
dónde y cómo nos estás hablando hoy.

PUEBLO: **Amén.**

(2)

LÍDER: Oh Dios, abre nuestros corazones y nuestras mentes
con el poder de tu Espíritu Santo,
de tal manera que
al leer las Escrituras
y al proclamar tu Palabra,
podamos oír con gozo lo que tú nos dices hoy.

PUEBLO: **Amén.**

AFIRMACIONES DE FE

La afirmación, declaración o confesión de fe es nuestra respuesta a la Palabra que hemos escuchado. Cuando hacemos confesión de pecados, estamos declarando que hemos dejado atrás la maldad para seguir a Jesucristo. Cuando hacemos afirmación de fe, estamos declarándole al mundo lo que Cristo ha hecho por nosotros, y proclamanos al mundo que creemos y confiamos en Dios. He aquí varios credos que puede utilizar.

El Credo Niceno

LÍDER: Unámonos en esta confesión histórica de la fe cristiana:

PUEBLO: **Creemos en un solo Dios, Padre Todopoderoso,
Creador del cielo y de la tierra y de todas las cosas
visibles e invisibles.
Y en un solo Señor Jesucristo, Hijo unigénito de Dios,
engendrado del Padre antes de todos los siglos,
Dios de Dios, Luz de Luz, verdadero Dios de
verdadero Dios,
engendrado, no hecho; siendo de una substancia con
el Padre,
por quien todas las cosas fueron hechas;
quien por nosotros los seres humanos y para nuestra
salvación descendió del cielo,
y fue encarnado por el Espíritu Santo de la virgen
María y se hizo hombre,
y fue crucificado por nosotros bajo Poncio Pilato.
Padeció y fue sepultado y al tercer día resucitó
conforme a las Escrituras,
ascendió al cielo y está sentado a la diestra del Padre.
Y vendrá otra vez en gloria para juzgar a los vivos y
a los muertos,
y su reino no tendrá fin.
Creemos en el Espíritu Santo, Señor y Dador de la vida,
quien procede del Padre y del Hijo;
quien con el Padre y el Hijo debe ser adorado y
juntamente glorificado;
quien habló por medio de los profetas.
Creemos en una sola Iglesia, santa, universal
y apostólica.
Reconocemos un solo bautismo para la remisión
de los pecados;**

y esperamos la resurrección de los muertos y la vida
del mundo venidero. Amén.[5]

El Credo de los Apóstoles

PUEBLO: Creo en Dios Padre Todopoderoso,
               Creador del cielo y de la tierra;
               y en Jesucristo, su único Hijo,
               Señor nuestro, quien fue concebido del Espíritu Santo,
               nació de la virgen María,
               padeció bajo el poder de Poncio Pilato;
               fue crucificado, muerto y sepultado;
               descendió a los infiernos; al tercer día resucitó
                  de entre los muertos;
               ascendió al cielo y está sentado a la diestra de Dios
                  Padre Todopoderoso,
               de donde vendrá a juzgar a los vivos y a los muertos.
               Creo en el Espíritu Santo, la Santa Iglesia Universal,
               la comunión de los santos, el perdón de los pecados,
               la resurrección del cuerpo y la vida perdurable. Amén.[6]

Una Breve Declaración de Fe

PUEBLO: En la vida como en la en muerte pertenecemos a Dios.
               Por la gracia de nuestro Señor Jesucristo,
               el amor de Dios,
               y la comunión del Espíritu Santo,
               confiamos en el Dios único y trino, el Santo de Israel,
               a quien sólo adoramos y servimos.
               Confiamos en Jesucristo,
               plenamente humano, plenamente Dios.
               Jesús proclamó el reinado de Dios:
               predicando buenas nuevas a los pobres
               y libertad a los cautivos,
               enseñando por medio de palabra y hechos
               y bendiciendo a los niños,

---

5. «Credo Niceno» de *El Libro de Confesiones*, Oficina de la Asamblea General de la Iglesia Presbiteriana (E.U.A), 2004. Impreso con permiso de la Oficina de la Asamblea General de la Iglesia Presbiteriana (E.U.A.).

6. «El Credo de los Apóstoles» de *El Libro de Confesiones*, Oficina de la Asamblea General de la Iglesia Presbiteriana (E.U.A.), 2004. Impreso con permiso de la Oficina de la Asamblea General de la Iglesia Presbiteriana (E.U.A.).

curando a los enfermos
y sanando a los quebrantados de corazón,
comiendo con los despreciados,
perdonando a los pecadores,
y llamando a todos a arrepentirse y a creer en
    el evangelio.
Condenado injustamente por blasfemia y sedición,
Jesús fue crucificado,
sufriendo la profundidad del dolor humano
y dando su vida por los pecados del mundo.
Dios levantó a este Jesús de los muertos,
vindicando su vida sin pecado,
rompiendo el poder del pecado y del mal,
rescatándonos de la muerte a la vida eterna.
Confiamos en Dios,
a quien Jesús llamó Abba, Padre.
En amor soberano Dios creó al mundo bueno
e hizo a cada uno igualmente a imagen de Dios,
varón y hembra, de toda raza y pueblo,
para vivir como una sola comunidad.
Pero nos rebelamos contra Dios; nos escondemos de
    nuestro Creador.
Desconociendo los mandamientos de Dios,
violamos la imagen de Dios en otros y en nosotros
    mismos,
aceptamos las mentiras como verdad,
explotamos al prójimo y a la naturaleza,
y amenazamos de muerte al planeta confiado a nuestro
    cuidado.
Merecemos la condenación de Dios.
Sin embargo Dios actúa con justicia y misericordia
para redimir a la creación.
Con amor perdurable,
el Dios de Abraham y Sara escogió a un pueblo
    del pacto
para bendecir a todas las familias de la tierra.
Escuchando su clamor,
Dios liberó a los hijos e hijas de Israel
de la casa de servidumbre.
Amándonos aún,
Dios nos hace, con Cristo, herederos del pacto.

Como madre resuelta a no abandonar a su niño
  de pecho,
como padre que corre a dar al pródigo la bienvenida
  al hogar,
Dios sigue aún siendo fiel.
Confiamos en Dios el Espíritu Santo,
en todo lugar dador y renovador de vida.
El Espíritu nos justifica por la gracia mediante la fe,
nos deja libres para aceptarnos, y para amar a Dios y
  al prójimo,
y nos unifica con todos los creyentes
en el cuerpo único de Cristo, la Iglesia.
El mismo Espíritu
que inspiró a profetas y apóstoles
norma nuestra fe y vida en Cristo por medio de
  la Escritura,
nos compromete por medio de la Palabra proclamada,
nos hace suyos en las aguas del bautismo,
nos alimenta con el pan de vida y la copa de salvación,
y llama a mujeres y hombres a todos los ministerios
  de la Iglesia.
En un mundo quebrantado y temeroso
el Espíritu nos da valor
para orar sin cesar,
para testificar de Cristo como Señor y Salvador
  ante todos los pueblos,
para desenmascarar idolatrías en la Iglesia y en
  la cultura,
para oír el clamor de los pueblos por largo tiempo
  silenciados,
y para laborar con otros por la justicia, la libertad
  y la paz.
En gratitud a Dios, dinamizados por el Espíritu,
nos esforzamos por servir a Cristo en nuestras
  tareas diarias
y por vivir vidas santas y gozosas,
mientras aguardamos el nuevo cielo y la nueva tierra
  de Dios,
orando: «¡Ven, Señor Jesús!»
Con los creyentes en todos tiempos y lugares,
nos gozamos de que nada en la vida o en la muerte

puede separarnos del amor de Dios en Cristo Jesús,
Señor nuestro.
Gloria sea al Padre, al Hijo, y al Espíritu Santo. Amén.[7]

Un Credo Hispano

Justo L. González

PUEBLO:
Creemos en Dios Padre Todopoderoso,
creador de los cielos y de la tierra;
creador de los pueblos y las culturas;
creador de los idiomas y de las razas.
Creemos en Jesucristo, su Hijo, nuestro Señor,
Dios hecho carne en un ser humano para todos los
humanos;
Dios hecho carne en un momento para todas las
edades;
Dios hecho carne en una cultura para todas las
culturas;
Dios hecho carne en amor y gracia para toda la
creación.
Creemos en el Espíritu Santo,
por quien el Dios encarnado en Jesucristo
se hace presente en nuestro pueblo y nuestra cultura;
por quien el Dios Creador de todo cuanto existe
nos da poder para ser nuevas criaturas;
quien con sus infinitos dones, nos hace un solo pueblo:
el cuerpo de Jesucristo.
Creemos en la Iglesia,
que es universal porque es señal del reino venidero;
que es más fiel mientras más se viste de colores;
donde todos los colores pintan un mismo paisaje;
donde todos los idiomas cantan una misma alabanza.
Creemos en el reino venidero, día de la Gran Fiesta,
cuando todos los colores de la creación
se unirán en un arco iris de armonía;
cuando todos los pueblos de la tierra
se unirán en un banquete de alegría;
cuando todas las lenguas del universo

---

7. «Una Breve Declaración de Fe…» de *El Libro de Confesiones*, Oficina de la Asamblea General de la Iglesia Presbiteriana (E.U.A), 2004. Impreso con permiso de la Oficina de la Asamblea General de la Iglesia Presbiteriana (E.U.A.).

se unirán en un coro de alabanza.
Y porque creemos, nos comprometemos
a creer por los que no creen,
a amar por los que no aman,
a soñar por los que no sueñan,
hasta que lo que esperamos se torne realidad. Amén.[8]

Credo de la Mujer

Rachel C. Wahlberg

PUEBLO: Creo en Dios
que creó a la mujer y al hombre a su imagen,
que creó el mundo
y encomendó a los dos sexos
el cuidado de la tierra.
Creo en Jesús
hijo de Dios,
elegido de Dios
nacido de una mujer, María,
que escuchaba a las mujeres y las apreciaba,
que moraba en sus casas
y hablaba con ellas sobre el Reino,
que tenía mujeres discípulas
que le seguían y le ayudaban con sus bienes.
Creo en Jesús
que habló de teología con una mujer
junto a un pozo
y le confió por primera vez
que Él era el Mesías
que la alentó a que fuera a la ciudad
y contara las grandes nuevas.
Creo en Jesús sobre quien una mujer derramó
   perfume
en casa de Simón,
que reprendió a los hombres invitados que la
   criticaban;
creo en Jesús
quien dijo que recordaría a esa mujer
por lo que había hecho:

---

8. «Credo Hispano» de *Mil Voces Para Celebrar*, © 1996. Casa Metodista Unida de Publicaciones. Usado con permiso.

servir a Jesús.
Creo en Jesús
que curó a una mujer en sábado
y le restableció la salud
porque era
un ser humano.
Creo en Jesús
que comparó a Dios
con una mujer que buscaba una moneda perdida,
con una mujer que barría
buscando su moneda.
Creo en Jesús
que consideraba el embarazo y el nacimiento
con veneración
no como un castigo, sino
como un acontecimiento desgarrador,
una metáfora de transformación
un nuevo nacer
de la angustia al gozo.
Creo en Jesús
que se comparó
a la gallina
que abrigaba a sus polluelos
bajo sus alas.
Creo en Jesús, que se apareció
primero a María Magdalena
y la envió a transmitir el
asombroso mensaje:
Id y contad.
Creo en la universalidad
del Salvador
en quien no hay
judío ni griego,
esclavo ni hombre libre,
hombre ni mujer,
porque todos somos uno
en la salvación.
Creo en el Espíritu Santo
que se mueve sobre las aguas
de la creación

y sobre la tierra.
Creo en el Espíritu Santo
el espíritu femenino de Dios
que nos creó
y nos dio nacimiento
y al igual que una gallina
nos cubre
con sus alas.[9]

Credo para Inmigrantes *Tomas López*

PUEBLO: Creo en Dios Todopoderoso, quien guió a su pueblo
durante el éxodo y en el exilio, el Dios de José en
Egipto y de Daniel en Babilonia, el Dios de los extranjeros y los inmigrantes.
Creo en Jesucristo, el galileo desplazado, que nació
lejos de su hogar y de su gente; que tuvo que huir de
su país con sus padres porque su vida corría peligro,
y cuando regresó del exilio tuvo que sufrir la opresión del tirano Poncio Pilato, servidor de un imperio
extranjero; quien fue perseguido, injuriado y finalmente torturado; fue acusado y condenado a muerte en
un juicio injusto. Sin embargo, al tercer día, ese Jesús
despreciado resucitó de la muerte, no como extranjero
sino para ofrecernos la ciudadanía de los cielos.
Creo en el Espíritu Santo, el inmigrante eterno del
reino de Dios entre nosotros, quien habla todas las lenguas, habita en todos los países y reúne a todas las razas.
Creo en la iglesia como un hogar seguro para todo
extranjero y creyente que la forman, quienes hablan un
mismo idioma y tienen un mismo propósito.
Creo que la comunión de los santos comienza cuando
aceptamos la diversidad de los santos. Creo en el
perdón que nos hace a todos iguales y en la reconciliación que nos identifica mucho más que la raza,
el idioma o la nacionalidad. Creo que Dios, en la

---

9. «Women's Creed» de *Jesus and the Freed Woman*, por Rachel Conrad Wahlberg. Derechos reservados en 1978 por The Missionary Society of St. Paul the Apostle en el Estado de Nueva York. Paulist Press, Inc. New York/Mahwah, NJ. Reimpreso con permiso de Paulist Press, Inc., www.paulistpress.com.

Resurrección, nos reúne a todos como un solo pueblo en el que todos somos distintos pero iguales al mismo tiempo.

Creo en la vida eterna más allá de este mundo, en la cual nadie será inmigrante sino todos ciudadanos del reino de Dios que no tendrá fin. Amén.[10]

---

10. «Credo para Inmigrantes» por Tomas López de *Fiesta Cristiana* por Joel y Raquel Martínez, © 2003 por Abingdon Press. Usado con permiso.

ORACIONES DE INTERCESIÓN

(1)

LÍDER: Porque el mundo es bello,
          y la belleza es tierna y delicada,
          y nosotros somos mayordomos de la creación,
          te necesitamos, Dios nuestro.

PUEBLO: **Te necesitamos, Dios nuestro.**

LÍDER: Porque el conocimiento humano parece tan vasto
          y no sabemos cuánto desconocemos,
          te necesitamos, Dios nuestro.

PUEBLO: **Te necesitamos, Dios nuestro.**

LÍDER: Porque podemos vivir alejados de ti
          y somos libres para oponernos a tus propósitos
          y adorar nuestra propia sabiduría,
          te necesitamos, Dios nuestro.

PUEBLO: **Te necesitamos, Dios nuestro.**

LÍDER: Porque viniste a esta tierra
          y estuviste a nuestro lado,
          porque experimentaste nuestro rechazo,
          nos sanaste aún cuando te heríamos,
          porque nos amaste hasta el fin
          y triunfaste sobre el odio,
          te necesitamos, Dios nuestro.

PUEBLO: **Te necesitamos, Dios nuestro. Amén.**

(2)

LÍDER: Oh Dios Todopoderoso, que sanas el cuerpo y el alma,
          tú que humillas y exaltas, que castigas y perdonas,
          visita en tu misericordia a nuestros hermanos y hermanas
          que están enfermos.
          Pon tu mano sobre ellos y levántales del lecho del dolor.
          Libérales del espíritu de enfermedad y de todo sufrimiento,
          fiebre o dolencia a los que están sujetos;
          y por tu amor a la humanidad otórgales la remisión y
              el perdón
          de sus pecados y transgresiones.

(3)

LÍDER: En este día, Dios, congregados como pueblo tuyo,
te pedimos que nuestro testimonio sea fiel a Jesucristo.
Danos voz para hablar por los silenciados.

PUEBLO: **Y una tranquila comunión
en la que sólo el silencio rinda homenaje
al sufrimiento.**

LÍDER: Danos, Señor, lágrimas frente al dolor

PUEBLO: **y regocijo al experimentar el gozo de tu creación.**

LÍDER: Danos determinación para denunciar la injusticia,

PUEBLO: **y tu eterna bondad
hacia los desesperados que encontramos en el camino.**

LÍDER: Danos integridad para reconocer nuestras dudas,

PUEBLO: **para que seamos fieles con nuestro prójimo,
porque tú, Señor, en fidelidad y confianza
nos has llamado a servirte,
sabiendo que nuestra oración es el medio de unión
de tu amor y nuestro amor por el mundo.**

LÍDER: En la gracia de Dios yace la infinita posibilidad de
esperanza.

PUEBLO: **Amén.**

(4)

LÍDER: Donde la ignorancia, el egoísmo y la indiferencia
han roto la vida comunitaria,

PUEBLO: **envía tu luz, oh Dios de amor.**

LÍDER: Donde la injusticia y la opresión han quebrantado
el espíritu de los pueblos,

PUEBLO: **envía tu luz, oh Dios liberador.**

LÍDER: Donde el hambre y la pobreza, la enfermedad y la muerte
han vuelto la vida una carga insoportable,

PUEBLO: **envía tu luz, oh Dios de gracia.**

LÍDER: Donde la sospecha y el odio, el conflicto y la guerra
han puesto en duda tu bondad,

PUEBLO: **envía tu luz, oh Dios de paz.**

LÍDER: Dios eterno,
             abre los ojos de las naciones y los pueblos
             para que puedan andar en tu luz;
             extirpa de las naciones y los pueblos la ignorancia y
                 la rebeldía,
             para que puedan beber de tu fuente de bondad.

(5)

LÍDER: Oh Dios,
             que amas la justicia y estableces la paz sobre la tierra,
             hoy traemos ante ti la desunión de nuestro mundo:
             la violencia absurda y las guerras que minan el ánimo de
                 los pueblos;
             el militarismo y la carrera armamentista que amenazan
                 la vida del planeta;
             la codicia humana y la injusticia que engendran el odio
                 y el conflicto.
             Envía tu Espíritu y renueva la faz de la tierra:
             Enséñanos a sentir compasión y respeto hacia toda
                 la familia humana;
             fortalece a todos los que luchan por la paz y la justicia;
             conduce a todas las naciones por los senderos de la paz,
             y danos esa paz que el mundo no puede dar.

(6)

LÍDER: En un mundo dominado por imágenes de guerra,
             libéranos de la esclavitud del conflicto.
             En un mundo que levanta barreras divisorias,
             libéranos de la esclavitud del racismo.
             Haz que nosotros, que no éramos pueblo,
             nos transformemos en una comunidad viviente siendo
                 tu pueblo.
             Danos un solo corazón y un alma
             para compartir todo lo que tenemos.

(7)

LÍDER: Pidamos al Señor por la venida de su Reino.
             Oh Dios, en el dolor del torturado,

PUEBLO: **infunde quietud.**

LÍDER:　En las heridas de nuestro planeta,

PUEBLO:　**infunde bienestar.**

LÍDER:　En tus criaturas muertas,

PUEBLO:　**infunde vida.**

LÍDER:　En aquellos que te buscan con ansias,

PUEBLO:　**infunde tu ser.**

LÍDER:　Venga tu reino,
hágase tu voluntad.

PUEBLO:　**El reino, el poder y la gloria
sean tuyos ahora y por siempre.**

LÍDER:　Nuestro Dios está con nosotros.
Celebremos el milagro de la vida.
¡Celebremos el milagro de la creación!

PUEBLO:　**Nuestro Dios nos ama.
Nuestras vidas son una bendición de Dios.
¡Démosle gracias con alegría!**

(8)

LÍDER:　Dios de Paz, venimos ante ti en la mañana de un nuevo día.
Te damos gracias por la tranquilidad del descanso durante
la noche,
y por el nuevo amanecer que brinda luz y promesa
a tu mundo.
En este día, especialmente oramos por la paz
para este planeta tan lleno de problemas.
Donde las personas se miran una a otra con rencor y odio
en sus corazones,
enséñanos maneras de reconciliar nuestras diferencias.
Donde familias se han separado por el enojo y las
frustraciones,
danos el conocimiento del amor que se sobrepone
a la desilusión y a la rebelión.
Donde naciones se separan por luchas internas
o amarguras en contra de sus vecinos,
enséñanos nuevas maneras de vivir en paz y en armonía.

Donde individuos están en lucha con sí mismos,
concédeles tu paz que sobrepasa todo entendimiento
    humano.
Donde hay señales de la semilla de la paz,
por más pequeña que ésta sea,
ayúdanos para vigilar con cuidado
y celebrar su presencia y regocijarnos en su crecimiento.
En el nombre de Cristo, el Príncipe de Paz, oramos.

PUEBLO: **Amén.**

BENDICIONES

(1)

LÍDER: El Señor, que sana todas tus iniquidades, te bendiga
               y te guarde;
            el rostro del Señor que sana todas tus aflicciones,
            resplandezca sobre ti y tenga misericordia de ti;
            que la luz del rostro del Señor que redime tu vida
            se alce sobre ti y ponga en ti la paz.

PUEBLO: **Amén.**

(2)

LÍDER: Para terminar, hermanos y hermanas, deseo que vivan
            felices y que busquen la perfección en su vida.
            Anímense y vivan en armonía y paz,
            y el Dios de amor y de paz estará con ustedes.
            Que la gracia del Señor Jesucristo, el amor de Dios y la
            presencia constante del Espíritu Santo
            estén con todos ustedes.

PUEBLO: **Amén.**

(3)

LÍDER: Id con la seguridad de que los que confían en Jehová
            son como el monte de Sión que no se mueve,
            sino que permanece para siempre.
            Y la paz de Dios,   *Filipenses 4:*7
            que sobrepasa todo entendimiento,
            guardará vuestros corazones
            y vuestros pensamientos en Cristo Jesús.

PUEBLO: **Vamos llenos del Espíritu de Dios,**
            quien escucha todas nuestras oraciones.
            A Dios sea toda honra y gloria hoy
            y siempre jamás. Amén.

(4)

LÍDER: Id en paz.
            La gracia del Señor Jesucristo,
            el amor de Dios

y la comunión del Espíritu Santo
sean con ustedes.

Pueblo: **Amén.**

(5)

Líder: Que el Señor te bendiga y te proteja;   *Números 6:24-26*
que el Señor te mire con agrado y te muestre su bondad;
que el Señor te mire con amor y te conceda la paz.

Recepción de nuevos miembros

MODELO BÁSICO

La iglesia se dedica a nutrir a aquellas personas que han sido bautizadas. Como parte de este proceso, también les invita a hacer profesión pública de su fe y a aceptar las responsabilidades que conlleva el ser miembro de la iglesia y participar de la vida de la misma. Estas personas, después de expresar su deseo de hacerse miembros de la congregación, deben ser examinadas por el consistorio. Después de ser recibidas por el consistorio serán presentadas ante la congregación como parte del servicio de adoración regular. En esta ocasión se le pedirá a los nuevos miembros que profesen su fe en Jesucristo como Señor y Salvador, que afirmen su confianza en la gracia de Dios y que declaren públicamente su intención de participar activa y responsablemente en toda la vida de la iglesia.

Invitación
Escrituras
Preguntas a los candidatos y las candidatas
Afirmación de fe
Declaración
Bienvenida y recepción
Oración
Saludos

ORDEN CON TEXTOS LITÚRGICOS

Invitación

Después de la presentación del sermón, representantes del consistorio y el pastor pasan al frente. Una y a de las as ancianas de la iglesia invita a las personas que van a hacerse miembros de la iglesia a que pasen al frente. El líder o la líder utilizará estas palabras:

LÍDER: Invitamos a todas las personas que desean unirse a esta
comunidad de fe,
que pasen al frente.

Las personas pueden ser llamadas por su nombre, y si van a ser aceptadas por transferencia se puede leer la carta u ofrecer información al respecto.

LÍDER: Hermanos y hermanas en Cristo,
todos somos recibidos dentro de la iglesia
por medio del Sacramento del bautismo.
Estos hermanos y hermanas han encontrado apoyo en la
comunidad de fe.
Por medio de la oración y el estudio de la Biblia
han sido guiados/as por el Espíritu Santo a proclamar,
en este día y en nuestra presencia,
su pacto con Cristo y con los miembros de esta
congregación.
Ellos y ellas están aquí para servir a Jesucristo,
usando los dones que el Espíritu Santo les ha dado.

Escrituras

Se puede leer uno de los siguientes pasajes:

(1)

PASTOR/A: Escúchemos las palabras de Jesús: *Juan 15:5, 7, 10, 11*
«Yo soy la vid, y ustedes son las ramas.
El que permanece unido a mí, y yo unido a él,
da mucho fruto;
pues sin mí no pueden ustedes hacer nada.
Si ustedes permanecen unidos a mí,
y si permanecen fieles a mis enseñanzas,

pidan lo que quieran y se les dará.
Si obedecen mis mandamientos,
permanecerán en mi amor,
así como yo obedezco los mandamientos de mi Padre
y permanezco en su amor.
Les hablo así para que se alegren conmigo
y su alegría sea completa.»

(2)

PASTOR/A: «¿Qué es, pues, lo que dice? *Romanos 10:8-10*
"La palabra está cerca de ti,
en tu boca y en tu corazón."
Esta palabra es el mensaje de fe que predicamos.
Si con tu boca reconoces a Jesús como Señor,
y con tu corazón crees que Dios lo resucitó,
alcanzarás la salvación.
Pues con el corazón se cree para quedar libre de culpa,
y con la boca se reconoce a Jesucristo para alcanzar
la salvación.»

(3)

PASTOR/A: «Por eso, ustedes ya no son extranjeros, *Efesios 2:19-22*
ya no están fuera de su tierra,
sino que ahora comparten con el pueblo santo los
mismos derechos,
y son miembros de la familia de Dios.
Ustedes son como un edificio
levantado sobre los fundamentos que son los apóstoles
y los profetas,
y Jesucristo mismo es la piedra que corona el edificio.
Unido a Cristo, todo el edificio va levantándose en todas
y cada una de sus partes, hasta llegar a ser un templo
consagrado y unido al Señor.
Así también ustedes unidos a Cristo, se unen todos entre sí
para llegar a ser un templo en el cual Dios vive por medio
de su Espíritu.»

Preguntas a los candidatos y las candidatas

Si hay más de un candidato o candidata, éstos pueden responder a las preguntas al unísono. También se puede optar por llamar a cada persona por su nombre.

PASTOR/A: *¿(Nombres)*, desean ustedes afirmar su bautismo
y ser parte de la familia de Jesucristo?

CANDIDATOS/AS: **Sí, lo afirmamos.**

PASTOR/A: ¿Renuncian a los poderes del mal
y desean la liberación de la nueva vida en Cristo?

CANDIDATOS/AS: **Sí, renunciamos.**

PASTOR/A: ¿Confiesan a Jesucristo como su Salvador?

CANDIDATOS/AS: **Sí, confesamos.**

PASTOR/A: ¿Prometen, por la gracia de Dios, ser discípulos
de Cristo,
seguir el camino de nuestro Salvador,
resistir la opresión del mal,
enseñar el amor y la justicia,
y testificar conforme a la palabra de Jesucristo?

CANDIDATOS/AS: **Sí, lo prometemos, con la ayuda de Dios.**

PASTOR/A: ¿Prometen, por la gracia que han recibido,
crecer en la fe cristiana
y ser miembros fieles de la iglesia de Jesucristo,
celebrando la presencia de Cristo
y ejerciendo la misión de Cristo en el mundo?

CANDIDATOS/AS: **Sí, lo prometemos, con la ayuda de Dios.**

Afirmación de fe

*Se le pide a toda la congregación que aquellos o aquellas que puedan se pongan de pie.
Las respuestas se hacen al unísono entre la congregación y los candidatos o candidatas.*

PASTOR/A: Unámonos con la Iglesia
de todos los tiempos y en todos los lugares
y afirmemos nuestra fe en el Trino Dios.
¿Creen ustedes en Dios?

PUEBLO: **Creemos en Dios.**

PASTOR/A: ¿Creen ustedes en Jesucristo?

PUEBLO: **Sí, creemos en Jesucristo.**

PASTOR/A: ¿Creen ustedes en el Espíritu Santo?

PUEBLO: **Sí, creemos en el Espíritu Santo.**

Declaración

La congregación se sienta y el pastor o la pastora se dirige a las personas que van a ser aceptadas como nuevos miembros.

PASTOR/A: Por el bautismo
ustedes fueron hechos parte del cuerpo de Cristo, la Iglesia.
Hoy nos regocijamos en su peregrinaje de fe,
el cual les ha traído a este lugar y en este tiempo.
Celebramos su presencia en nuestro medio
y nos regocijamos profundamente.

Bienvenida y recepción

Todos los miembros de la iglesia que puedan se ponen de pie y dicen las siguientes palabras:

PASTOR/A: La Iglesia *(Nombre)* quiere expresar nuestra cordial bienvenida y afirmar nuestro ministerio mutuo.

PUEBLO: **Nosotros les recibimos con alegría en la vida de esta iglesia.**
Les prometemos nuestra amistad cristiana y nuestras oraciones
mientras compartimos las esperanzas y el trabajo de la iglesia de Jesucristo. Por medio del poder del Espíritu Santo,
continuaremos creciendo juntos en la sabiduría y el amor de Dios,
y seremos fieles testigos de nuestro Señor resucitado.

Oración

(1)

PASTOR/A :   Dios poderoso y eterno,
pedimos que tu mano sea sobre estas personas, servidores tuyos,
quienes hoy se han comprometido a ser miembros de esta iglesia.
Que tu Santo Espíritu sea con todos/as.
Dirígeles en sabiduría y obediencia a tu Palabra,
para que puedan servirte en esta vida

y habitar contigo en la vida venidera;
en el nombre de Jesucristo.

PUEBLO: **Amén.**

(2)

PASTOR/A: Oh Dios, te adoramos por llamarnos a una vida de fe
y por unirnos a la Iglesia, el cuerpo de Cristo.
Estamos agradecidos por tu pueblo unido aquí en
esta iglesia
y nos regocijamos porque has engrandecido tu comunidad
de fe.
Oramos para que juntos y juntas podamos vivir en el
Espíritu,
manteniéndonos en tu amor al compartir en la vida
de adoración de esta iglesia,
y sirviendo al mundo;
por Jesucristo.

PUEBLO: **Amén.**

Saludos

En este momento la congregación puede expresar su alegría a través de saludos a las personas que han sido recibidas como miembros de la iglesia. El culto puede continuar con un himno o un cántico alusivo a la ocasión.

Ordenación e instalación de oficiales de la iglesia

MODELO BÁSICO

Los hombres y las mujeres dentro de la iglesia son llamados/as a ocupar posiciones en la iglesia. Cuando los hombres y las mujeres, por la providencia de Dios y sus dones de gracia, son llamados/as por la iglesia, esta debe ayudarles a interpretar ese llamado y a celebrarlo a través de la ordenación o instalación de aquellas personas que han sido llamadas a ejercer el oficio de anciano/a o diácono o diaconisa. En esta ceremonia se debe recordar el pacto del bautismo como nuestra incorporación al cuerpo de Cristo, dando gracias a Dios por el pacto que hizo con nosotros. Se debe afirmar el compromiso de la persona y de la iglesia a través de las preguntas constitucionales, y se debe orar por y comisionar a cada una de las personas afirmando su llamado a amar y a servir a Dios y a toda su creación.

Presentación
Lectura bíblica
Significado de ordenación o instalación
Reafirmación del pacto bautismal
Renunciación
Profesión de fe
Acción de gracias por el bautismo
Unción *(opcional)*
Preguntas constitucionales
Oración de ordenación

Oración para diáconos o diaconisas
Oración para ancianos y ancianas
Declaración de ordenación o instalación
Bienvenida
Comisión
Presentación de símbolos de ministerio

ORDEN CON TEXTOS LITÚRGICOS

Presentación

La presentación puede ser al principio del servicio para el Día del Señor o puede seguir la afirmación de fe. Aquellas personas que van a ser ordenadas y/o instaladas se colocan de frente a la congregación. El pastor se dirige a la congregación:

PASTOR/A: Al unirse a Cristo en el bautismo,
              han quedado revestidos de Cristo.

PUEBLO: **Hay un solo cuerpo y un solo Espíritu,
              así como Dios los ha llamado a una sola esperanza.**

PASTOR/A: En el bautismo, *(Nombres)* fueron revestidos/as con Cristo,
              y son ahora llamados/as por Dios a través de la voz de
                 la iglesia
              para entrar a ministerios de servicio y gobierno,
              anunciando en palabra y en acción las buenas nuevas
                 de Jesucristo.

PUEBLO: **Recordamos con gozo nuestro llamado común a servir
                 a Cristo,
              al celebrar el llamado particular de Dios a nuestros
                 hermanos y hermanas.**

Ordenación e Instalación

Lectura bíblica   *1 Corintios 12:4-7, 27*

El moderador o la moderadora se dirige a la congregación.

PASTOR/A: Hay en la iglesia diferentes dones,
              pero el que los concede es un mismo Espíritu.

PUEBLO: **Hay diferentes maneras de servir,
              pero todas por encargo de un mismo Señor.**

PASTOR/A: Y hay diferentes poderes para actuar
              pero es un mismo Dios, el que lo hace todo en todos.

PUEBLO: **Dios da a cada uno alguna prueba de la presencia
                 del Espíritu,
              para provecho de todos.**

PASTOR/A: Juntos somos el cuerpo de Cristo,
            y cada uno de nosotros/as es un miembro con su
               función particular.

Significado de ordenación o instalación

Se puede utilizar la siguiente interpretación de lo que significa la ordenación y/o la instalación, o alguna similar.

PASTOR/A: Somos llamados y llamadas a la iglesia de Jesucristo
            a través del bautismo,
            y marcados como hijos e hijas de Dios
            a través del Espíritu Santo.
            Este es nuestro llamado en común,
            a ser discípulos/as y siervos/as de nuestro Señor siervo.
            Dentro de la comunidad de la iglesia,
            algunas personas son llamadas a servicios en particular,
            como diáconos, diaconisas,
            ancianos, ancianas
            y ministros o ministras de la Palabra y los Sacramentos.
            La ordenación es el regalo de Cristo a la iglesia,
            asegurando que su ministerio continuará entre nosotros,
            proveyendo para que hayan ministerios de cuidado
               y compasión
            en el mundo,
            ordenando el gobierno de la iglesia
            y predicando la Palabra y administrando los Sacramentos.

Continúa la secretaria o el secretario del consistorio:

SECRETARIO/A: Representando a la iglesia una, santa, universal y apostólica,
            el consistorio de la Iglesia *(Nombre)*
            ahora ordena a *(Nombres)* al oficio de diácono o diaconisa
            y a *(Nombres)* al oficio de anciano/a
            y *les* instala para el servicio activo en *sus* respectivas juntas.
            El consistorio también instalará para servicio activo
            a aquellas personas que han sido previamente ordenadas:
            los diáconos o diaconisas *(Nombres)*
            y los ancianos/as *(Nombres)*.

Reafirmación del pacto bautismal

La congregación puede ponerse de pie. Aquellas personas que van a ser ordenadas y/o instaladas se reúnen alrededor de la fuente bautismal que estará llena de agua.
El pastor o pastora continúa:

PASTOR/A: El proceso de ordenación llama a toda la iglesia a renovar
su compromiso,
y nos recuerda que debemos llevar con gozo el yugo
de Cristo
que nos fue dado en el pacto del bautismo.
Es por eso que reafirmamos nuestros votos bautismales,
renunciando a todo lo que se opone a Dios y a su voluntad
y afirmando la fe de la santa Iglesia universal.

Renunciación

El pastor se dirige a todas las personas presentes:

PASTOR/A: Confiando en la misericordia llena de gracia de Dios,
¿le dan la espalda a los caminos del pecado
y renuncian a la maldad y a su poder en el mundo?

PUEBLO: **Sí.**

PASTOR/A: ¿Recurren a Jesucristo
y le aceptan como su Señor y Salvador,
confiando en su gracia y en su amor?

PUEBLO: **Sí.**

PASTOR/A: ¿Serán un fiel discípulo/a de Cristo,
obedeciendo su Palabra y demostrando su amor?

PUEBLO: **Así lo haré con la ayuda de Dios.**

Profesión de fe

PASTOR/A: Con toda la iglesia,
confesemos nuestra fe.
¿Crees en Dios Padre?

PUEBLO: **Creo en Dios Padre Todopoderoso,**
Creador del cielo y de la tierra.

PASTOR/A: ¿Crees en Jesucristo, el Hijo de Dios?

PUEBLO:	**Creo en Jesucristo, su único Hijo, Señor nuestro;**
	quien fue concebido del Espíritu Santo,
	nació de la virgen María,
	padeció bajo el poder de Poncio Pilato;
	fue crucificado, muerto y sepultado;
	descendió a los infiernos;
	al tercer día resucitó de entre los muertos;
	subió al cielo
	y está sentado a la diestra de Dios Padre Todopoderoso;
	y desde allí vendrá al fin del mundo
	a juzgar a los vivos y a los muertos.

PASTOR/A: ¿Crees en Dios el Espíritu Santo?

PUEBLO:	**Creo en el Espíritu Santo,**
	la santa Iglesia Universal,
	la comunión de los santos,
	el perdón de los pecados,
	la resurrección del cuerpo
	y la vida perdurable. Amén.

Acción de gracias por el bautismo

Se echa agua dentro de la fuente bautismal de manera visible y audible. La siguiente oración es dirigida por la pastora:

PASTOR/A: El Señor esté con ustedes.

PUEBLO: Y también contigo.

PASTOR/A: Demos gracias al Señor nuestro Dios.

PUEBLO: Dárselas es digno y justo.

PASTOR/A: Dios eterno y lleno de gracia, te damos gracias.
De incontables maneras tú te nos has revelado en el pasado,
y nos has bendecido con señales de tu gracia.
Te alabamos porque guiaste a tu pueblo, Israel,
a través de las aguas de los mares para librarles de la
esclavitud,
llevándoles a la libertad en la tierra prometida.
Te alabamos porque enviaste a Jesús, tu Hijo,
quien fue bautizado en las aguas del Jordán,
y fue ungido como el Cristo por tu Espíritu Santo.
A través del bautismo de su muerte y su resurrección

tú nos liberas de las ataduras del pecado y de la muerte,
y nos limpias y nos renuevas.
Te alabamos porque en el bautismo
nos diste a tu Espíritu Santo,
que nos enseña y que nos guía a toda verdad,
llenándonos de una variedad de dones,
para que podamos proclamar el evangelio a todas
    las naciones
y a servir como un real sacerdocio.
Nos regocijamos de que nos reclamaste como tuyos
    en nuestro bautismo,
y que por tu gracia hemos nacido de nuevo.
Renuévanos por el poder de tu Espíritu Santo,
para que podamos ser capacitados para hacer tu voluntad
y continuar para siempre viviendo la vida del Cristo
    resucitado,
para quien, junto a ti y al Espíritu Santo,
sea toda gloria y honor hoy y siempre.

PUEBLO: **Amén.**

El pastor o la pastora pone sus manos en el agua de la fuente bautismal, levanta el agua, deja que caiga nuevamente dentro de la fuente bautismal y entonces hace la señal de la cruz hacia toda la congregación, diciendo:

PASTOR/A: Recuerden su bautismo y sean agradecidos y agradecidas.
                 En el nombre del Padre, del Hijo y del Espíritu Santo.

PUEBLO: **Amén.**

Unción (*opcional*)

El pastor puede ungir a los candidatos y/o candidatas, haciendo la señal de la cruz en su frente con aceite y diciendo:

PASTOR/A: *(Nombre)*, hijo/a del pacto,
                 hago la señal de la cruz
                 para que recuerdes tu bautismo
                 y estés agradecido/a.

CANDIDATO/A: **Las gracias sean dadas a Dios.**

Preguntas constitucionales

Aquellas personas que van a ser ordenadas y/o instaladas se mueven al frente del consistorio para contestar las preguntas requeridas por la Constitución de la Iglesia Presbiteriana (E.U.A.)

El moderador o el pastor se dirige a los candidatos y/o candidatas:

PASTOR/A: ¿Confía usted en el Señor Jesucristo como su Salvador,
lo reconoce como Señor de todos y Cabeza de la Iglesia,
y por medio de él cree en un Dios Padre, Hijo y
Espíritu Santo?

CANDIDATO/A: **Sí, confío.**

PASTOR/A: ¿Acepta usted que las Escrituras del Antiguo y Nuevo
Testamento son,
por el Espíritu Santo,
el testimonio único y autorizado de Jesucristo en la
Iglesia universal,
y además, la Palabra de Dios para usted?

CANDIDATO/A: **Sí, acepto.**

PASTOR/A: ¿Recibe y adopta usted sinceramente los artículos
esenciales de la fe Reformada, según está expresada en
las Confesiones de nuestra Iglesia,
como exposición auténtica y confiable
de lo que las Escrituras nos guían a creer y a hacer,
y se instruirá y guiará por esas Confesiones cuando dirija
al pueblo de Dios?

CANDIDATO/A: **Sí, las recibo y las adopto.**

PASTOR/A: ¿Cumplirá usted su oficio en obediencia a Jesucristo,
bajo la autoridad de la Escritura,
y guiado continuamente por nuestras Confesiones?

CANDIDATO/A: **Sí, lo haré.**

PASTOR/A: ¿Se dejará regir por el gobierno de la iglesia, y se
sujetará a su disciplina?
¿Será una amiga o un amigo entre sus colegas en el
ministerio,
trabajando con ellos y ellas,
sujeto al ordenamiento de la Palabra y el Espíritu
de Dios?

CANDIDATO/A: **Sí, lo haré.**

PASTOR/A: ¿Buscará seguir al Señor Jesucristo, en su vida personal?
¿Amará a sus semejantes y trabajará por la reconciliación del mundo?

CANDIDATO/A: **Sí, lo haré.**

PASTOR/A: ¿Promete usted promover la paz, la unidad y la pureza de la Iglesia?

CANDIDATO/A: **Sí, lo haré.**

PASTOR/A: ¿Buscará servir al pueblo con energía, inteligencia, imaginación y amor?

CANDIDATO/A: **Sí, lo haré.**

PASTOR/A: *(Para diáconos y diaconisas)* ¿Será usted un diácono o diaconisa fiel,
enseñando la caridad, estimulando la inquietud por otros, así como la ayuda del pueblo por los desamparados y por los necesitados?
¿En su ministerio, tratará usted de mostrar el amor y la justicia de Jesucristo?

(Para ancianos y ancianas) ¿Será usted un anciano o anciana fiel,
cuidando al pueblo, proveyendo para su adoración, educación y servicio?
¿Compartirá usted en el gobierno y la disciplina, sirviendo en los cuerpos de gobierno de la Iglesia y tratará usted de mostrar el amor y la justicia de Jesucristo en su ministerio?

Un anciano/a se dirige a la congregación:

ANCIANO/A: ¿Aceptamos nosotros/as, miembros de esta congregación, a *(Nombre)* como ancianos, ancianas y diáconos, diaconisas, escogidos/as por Dios mediante la voz de esta congregación para guiarnos en el camino de Jesucristo?

PUEBLO: **Así lo haremos.**

ANCIANO/A: ¿Estamos nosotros/as de acuerdo en alentarles, respetar sus decisiones y seguirles cuando nos guían, sirviendo a Jesucristo, quien es la Cabeza de la Iglesia?

PUEBLO: **Así lo haremos.**

Oración de ordenación

Aquellas personas que van a ser ordenadas se pueden arrodillar de frente a la congregación. Los/as ministros y las ministras de la Palabra y los Sacramentos, y los ancianos y ancianas se parán detrás de las personas candidatas. Esta oración sirve como modelo a las oraciones que pueden ser hechas por el moderador o la pastora:

PASTOR/A: El Señor esté con ustedes.

PUEBLO: **Y también contigo.**

PASTOR/A: Demos gracias al Señor nuestro Dios.

PUEBLO: **Dárselas es digno y justo.**

PASTOR/A: Eterno Dios,
te damos gracias por tu constante fidelidad con nosotros.
En cada generación tú has llamado a líderes para que
te sirvan
y les has equipado con tus dones.
Entre tu pueblo Israel, tú ungiste a los profetas,
sacerdotes y reyes.
Tú llamaste a pastores, pastoras, maestros, maestras,
obispos, obispas, ancianos, ancianas, diáconos y diaconisas
para levantar a tu iglesia.
Con Moisés, los setenta ancianos
llevaron las cargas de tu pueblo,
ministrando en el poder de tu Espíritu.
Junto a los apóstoles,
los diáconos cuidaron a las personas que tenían necesidad
y cuidaron la paz dentro de la comunidad.
En la iglesia,
los diáconos, diaconisas, ancianos, ancianas y pastores/as
sirven unidos,
para que todo tu pueblo pueda estar dotado para el
ministerio,
y pueda ser fortalecido hasta llegar a la unidad total
de Cristo.
Te damos gracias y alabanzas, oh Dios,
por tus siervos y siervas de todas las generaciones
y por la Iglesia de Jesucristo.

Oración para diáconos y diaconisas

Aquellas personas que están alrededor de los candidatos al oficio de diáconos y diaconisas ponen sus manos sobre ellos y ellas.

PASTOR/A: Dios de gracia,
derrama tu Espíritu Santo sobre *(Nombres)*
para que puedan ser fieles diáconos y diaconisas
    en tu iglesia.
Dales la apertura para ser guiados/as por el Espíritu Santo
para que puedan ver y servir donde quiera haya necesidad.
Entrénales en la escuela de la oración
para que puedan expresar la compasión de Cristo
por las personas pobres y rechazadas,
enfermas y abatidas.
Capacítales con valentía
para llevar el evangelio dentro de las estructuras
    de autoridad,
y para que comuniquen tu presencia y poder
entre aquellas personas desposeídas
En todo, dales la mente de Cristo,
quien no se agarró de la grandeza,
sino que se vació a sí mismo para convertirse en un
    siervo de tu reino.
Dales gozo en su caminar de fe
y seguridad de tu presencia sostenedora
para su trabajo en el ministerio.

Oración para ancianos y ancianas

Aquellas personas que están alrededor de los candidatos al oficio de ancianos y ancianas ponen sus manos sobre ellos y ellas.

PASTOR/A: Dios de gracia,
derrama tu Espíritu Santo sobre *(Nombres)*
para que puedan ser fieles ancianos y ancianas en tu iglesia.
Dales prudencia y un juicio responsable,
sabiduría y valentía,
para que organicen la vida de la iglesia
en obediencia a tu Palabra.

Nutre sus vidas con el Espíritu Santo
para que puedan ejercer el ministerio de la disciplina
con humildad y compasión.
Guíales en su gobierno,
en este consistorio y en todo cuerpo gobernante de la iglesia,
para que sean siervos/as líderes siguiendo a Cristo
que vinieron a servir y no a ser servidos/as,
y a dar sus vidas por liberar a otras personas.
Dales gozo en su caminar de fe
y seguridad de tu presencia sostenedora
para su trabajo en el ministerio.

Concluye la imposición de manos. El moderador continúa:

MODERADOR/A: Dios de gracia,
a través de las aguas del bautismo,
tú no has reclamado como tuyos/as
y nos has llamado a compartir en el ministerio de Cristo.
Derrama tu Santo Espíritu sobre nosotros/as,
para que podamos discernir los dones que nos has dado,
reconociéndolos los unos en las otras,
y usándolos en conjunto para el beneficio de todos/as.
En obediencia a Cristo,
y en la unidad del Espíritu,
permite que podamos proclamar las buenas nuevas,
que hagamos discípulos y discípulas,
que seamos luz y levadura,
que compartamos nuestro pan,
que ofrezcamos un vaso de agua fría
y que limpiemos los pies las unas de los otros.
Haz que seamos fuertes en Cristo
para que podamos vivir como tu pueblo
y demostrarle al mundo tu amor que nos salva,
por el poder del Espíritu Santo.

PUEBLO: **Amén.**

Declaración de ordenación o instalación

El moderador o la moderadora se dirige a aquellas personas que han sido ordenadas e instaladas:

MODERADOR/A: *(Nombres)*, ustedes son ahora diáconos y diaconisas,
        ancianos y ancianas
        en la iglesia de Jesucristo y en esta congregación.
        Sean fieles y verdaderos en su ministerio
        para que todas sus vidas den testimonio
        del Cristo crucificado y resucitado.

Bienvenida

El/la pastor/a y los ancianos/as saludan a las personas que han sido ordenadas e instaladas.

Comisión

Las personas que han sido ordenadas e instaladas permanecen de pie. Uno o varios de estos textos bíblicos pueden ser usados.

(1)
«Ya se acerca el fin de todas las cosas.   *1 Pedro 4:7-11*
Por eso, sean ustedes juiciosos y dedíquense seriamente a la oración.
Haya sobre todo mucho amor entre ustedes,
porque el amor perdona muchos pecados.
Recíbanse unos a otros en sus casas, sin murmurar de nadie.
Como buenos administradores de las variadas bendiciones de Dios,
cada uno de ustedes sirva a los demás según los dones que haya recibido.
Cuando alguien hable, sean sus palabras como palabras de Dios.
Cuando alguien preste algún servicio, préstelo con las fuerzas que Dios le da.
Todo lo que hagan, háganlo para que Dios sea alabado por medio de Jesucristo,
a quien pertenece la gloria y el poder para siempre. Amén.»

(2)
«Haz todo lo posible por presentarte delante de Dios   *2 Timoteo 2:15*
como un trabajador aprobado
que no tiene de qué avergonzarse,
que enseña debidamente el mensaje de la verdad.»

(3)
«Jesús recorría todos los pueblos y aldeas,   *Mateo 9:35-38*
enseñando en las sinagogas de cada lugar.
Anunciaba la buena noticia del reino de Dios,

y curaba toda clase de enfermedades y dolencias.
Al ver a la gente, sintió compasión de ellos,
porque estaban angustiados y desvalidos, como ovejas que no tienen pastor.
Dijo entonces a sus discípulos:
"Ciertamente la cosecha es mucha, pero los trabajadores son pocos.
Por eso, pidan ustedes al Dueño de la cosecha que mande trabajadores
   a recogerla."»

(4)
Jesús dijo: «Vengan a mí todos ustedes que están cansados   *Mateo 11:28-30*
de sus trabajos y cargas, y yo los haré descansar.
Acepten el yugo que les pongo, y aprendan de mí,
que soy paciente y de corazón humilde; así encontrarán descanso.
Porque el yugo que les pongo y la carga que les doy a llevar son ligeros.»

(5)
«Por eso, nosotros, teniendo a nuestro alrededor   *Hebreos 12:1-3, 12-14*
tantas personas que han demostrado su fe,
dejemos a un lado todo lo que nos estorba y el pecado que nos enreda,
y corramos con fortaleza la carrera que tenemos por delante.
Fijemos nuestra mirada en Jesús,
pues de él procede nuestra fe y él es quien la perfecciona.
Jesús sufrió en la cruz, sin hacer caso de lo vergonzoso de esa muerte,
porque sabía que después del sufrimiento tendría gozo y alegría;
y se sentó a la derecha del trono de Dios.
Por lo tanto, mediten en el ejemplo de Jesús,
que sufrió tanta contradicción de parte de los pecadores;
por eso, no se cansen ni se desanimen.
Así pues, renueven las fuerzas de sus manos cansadas y de sus rodillas
   debilitadas,
y busquen el camino derecho, para que sane el pie que está cojo y no se
   tuerza más.
Procuren estar en paz con todos y llevar una vida santa;
pues sin la santidad, nadie podrá ver al Señor.»

Presentación de símbolos de ministerio

Se pueden presentar símbolos que sean apropiados al ministerio de los diáconos y diaconisas, y ancianos y ancianas.

Quinceañera

MODELO BÁSICO

La celebración de la quinceañera es un momento importante para las adolescentes. Es una ceremonia tradicional en muchos países hispanos. La ceremonia marca el paso de la niñez a la adultez. Cuando se celebra la vida de una quinceañera en el domingo, esta liturgia sigue a la proclamación de la Palabra de Dios. También se puede adaptar esta ceremonia para celebrar los quince años de los varones. Después del sermón puede cantarse un himno o cántico, mientras la quinceañera y su cortejo se reúnen cerca de la fuente bautismal, juntamente con la familia y el/la pastor/a. Esta liturgia también puede ser usada en otro día de la semana.

Procesional
Llamamiento a adoración
Himno, salmo o cántico
Presentación de la quinceañera
Himno o cántico de cumpleaños
Oración de gratitud
Lectura bíblica
Reafirmación de fe
Credo de los Apóstoles
Oración de dedicación de la quinceañera
Coronación

Si se hace la celebración dentro del servicio de adoración del domingo se continúa con el servicio. Si se celebra en algún otro día, se pueden incluir estos elementos.

La ofrenda
Cena del Señor *(opcional)*
Himno o cántico de envío
Comisión y bendición
Saludo de la paz

ORDEN CON TEXTOS LITÚRGICOS

Procesional
Entrada tradicional de la quinceañera con su séquito.

Llamamiento a adoración

LÍDER: ¡Vengan mis hermanos y hermanas, es tiempo de celebrar!

PUEBLO: Es tiempo de recordar que Dios es el Dios de la vida.

LÍDER: ¡Vengan mis hermanos y hermanas, es tiempo de cantar!

PUEBLO: Es tiempo de afirmar que Dios es el Dios de la vida.

LÍDER: ¡Vengan mis hermanos y hermanas, es tiempo de alabar!

**PUEBLO: Es tiempo de proclamar que Dios es el Dios que da vida,
que cuida la vida, que es la verdadera vida. ¡Aleluya!**

Himno, salmo o cántico

Presentación de la Quinceañera

LÍDER: *(Nombre),* toda la iglesia de Jesucristo,
y tu comunidad de fe, *(Nombre de la iglesia local),*
se complace en darte la bienvenida.
Juntamente con tu familia y amistades
se une en celebrar contigo tus quince años.
Esta celebración es una acción de gracias
por el regalo de la vida, el cual recibimos de Dios.
Es también una afirmación de tu fe en Cristo Jesús
como tu Señor y Salvador,
y una aceptación de parte tuya,
de los deberes que trae la vida,
y vida según el amor y los mandamientos de Dios.
Vida quiere decir crecimiento,
crecimiento quiere decir madurez
y madurez significa perfección.
Una persona madura toma decisiones y compromisos
firmes,

y es fiel a ellos, aunque a veces sea difícil llevarlos a cabo.
En este espíritu de fe, reconocemos la presencia del
    Espíritu Santo de Dios,
para celebrar contigo estos quince años de tu vida.

Himno o cántico de cumpleaños

Oración de gratitud

Lectura bíblica

Eclesiastés 11:9; 12:1 o alguna otra lectura bíblica apropiada para la ocasión.

Reafirmación de fe

PASTOR/A: *(Nombre)*, por la gracia de Dios estás entrando a la vida
de los adultos y a oportunidades y responsabilidades
    mayores.
Ahora te suplico que contestes las siguientes preguntas
para que reafirmes tu fe en Cristo Jesús.
¿Crees en un Dios Soberano, Padre, Hijo, y Espíritu
    Santo?

QUINCEAÑERA: **Sí, creo.**

PASTOR/A: ¿Aceptas a Cristo Jesús como tu Señor y Salvador?

QUINCEAÑERA: **Sí, lo acepto.**

PASTOR/A: ¿Aceptas las Sagrada Escritura como Palabra de Dios,
como nuestra regla de fe y práctica?

QUINCEAÑERA: **Sí, la acepto.**

PASTOR/A: ¿Prometes servir a Cristo viviendo una vida agradable
    a él,
para que seas una bendición y luz para los demás?

QUINCEAÑERA: **Sí, lo prometo.**

PASTOR/A: Unámonos en la profesión de la fe cristiana
con toda la iglesia universal y en todo tiempo.

Credo de los Apóstoles

Oración de dedicación de la Quinceañera

QUINCEAÑERA: Señor, tú nos has sido refugio
de generación a generación.
Antes que nacieran los montes
y formara la tierra y el mundo,
desde el siglo y hasta el siglo, tú eres Dios.
Recordando los méritos de tu Hijo, Jesucristo,
te suplico que aceptes mi juventud,
mis talentos, mis acciones, y mis pensamientos.
Toma mi vida en tus manos,
y concédeme la gracia para entender y vivir
tu mandamiento nuevo de amarnos unos a otros.
Esto te pido en el nombre de Cristo.

PUEBLO: **Amén.**

En este momento el pastor o la pastora podrá usar el agua de la fuente bautismal de una manera simbólica que no sea interpretada como bautismo. El/la pastor/a pone sus manos en el agua, y, levantándolas, deja caer el agua en la fuente, de manera visible a todos. Dirigiéndose a la Quinceañera le dice:

PASTOR/A: *(Nombre)*, el Espíritu Santo de Dios te bendiga,
que habiendo nacido mediante el agua y el Espíritu
puedas vivir como fiel discípula de Jesucristo.
Recuerda tu bautismo, y sé agradecida.

QUINCEAÑERA: **Amén.**

Coronación

En algunos países se usa una corona o cambio de zapatos simbolizando la entrada a la adolescencia.

Si se hace la celebración dentro del servicio de adoración del domingo se continúa con el servicio. Si se celebra en algún otro día, se pueden incluir estos elementos.

La Ofrenda

Cena del Señor *(opcional)*
Vea las páginas 15-19.

Himno o cántico de envío

Comisión y bendición
Vea las páginas 48-49.

Saludo de la paz

Ceremonia matrimonial

MODELO BÁSICO

El matrimonio es dádiva de Dios, ofrecida a la humanidad para el bienestar total de la familia humana. El matrimonio, para las personas cristianas, es un pacto en el que un hombre y una mujer son llamados a vivir juntos su vida de discipulado en la presencia de Dios. En un servicio cristiano matrimonial, una mujer y un hombre, se hacen un compromiso mutuo de por vida, testimoniando públicamente y siendo reconocido por la comunidad de fe. El matrimonio cristiano debe celebrarse en el sitio donde la congregación se reúne para la adoración. Por ser un servicio de adoración cristiana, el servicio de matrimonio está bajo la dirección del pastor o la pastora y la supervisión del consistorio.

Procesional
Saludo
Introducción
Oración
Lecturas bíblicas
Sermón
Declaración de propósitos
Oración
Votos matrimoniales
Intercambio de anillos
Anuncio del matrimonio

Bendición del matrimonio
Presentación del matrimonio
Oración del pueblo
Cena del Señor *(opcional)*
Bendición

ORDEN CON TEXTOS LITÚRGICOS

Procesional

Se puede comenzar el servicio con un himno procesional u otra música apropiada.

Saludo

PASTOR/A: La gracia de nuestro Señor Jesucristo,
el amor de Dios el Padre
y la comunión del Espíritu Santo
sean con todos ustedes.

PUEBLO: **Y también contigo.**

Introducción

PASTOR/A: Amados y amadas, nos hemos reunido aquí como pueblo
de Dios para ser testigos de la unión de *(Nombre)* y *(Nombre).*
Hemos venido a compartir su gozo
y a pedir que Dios les bendiga.
El matrimonio es un regalo de Dios,
sellado por un compromiso sagrado.
El amor viene de Dios.
A través de ese amor el esposo y la esposa se entregan
uno al otro,
prometiéndose cuidado mutuo y compañía armoniosa.
Dios da gozo y a través de ese gozo
pueden compartir su nueva vida con otros,
así como Jesús compartió el vino nuevo en las bodas
de Caná.
La unión del esposo y la esposa en cuerpo, alma y mente
es la intención de Dios para su mutuo gozo,
así como la ayuda y el cuidado que se dan uno al otro
en la prosperidad y la adversidad.
Esta unión, si es la voluntad de Dios,
permite la procreación de hijos e hijas
y su instrucción en el conocimiento y amor del Señor.
Por lo tanto, el matrimonio no debe ser tomado
con ligereza,
sino reverente y deliberadamente
de acuerdo con el propósito con que fue instituido
por Dios.

Presentación (*opcional*)

PASTOR/A: ¿Quién presenta a *(Nombre)* para ser unida en santo
                matrimonio con *(Nombre)*?

RESPUESTA: **Yo, su *(relación)*, la presento.**

Oración

PASTOR/A: Dios de gracia, siempre fiel en tu amor por nosotros,
                nos regocijamos en tu presencia.
                Creaste el amor y nos unes en una sola familia humana.
                Nos ofreces tu palabra y nos guías a la luz.
                Abres tus brazos amorosos y nos abrazas con fuerza.
                Permite que la presencia de Cristo
                llene nuestros corazones con un nuevo gozo
                y haga nuevas las vidas de los que hoy se unen en
                  matrimonio.
                Bendice toda la creación a través del signo de tu amor
                mostrado en el amor de *(Nombre)* y *(Nombre)*.
                Permite que el poder del Espíritu Santo les sostenga,
                y a nosotros y nosotras, también, en un amor eterno.
                Por Jesús lo pedimos.

PUEBLO: **Amén.**

Lecturas bíblicas

Puede usarse una o varias de las lecturas sugeridas:

ANTIGUO TESTAMENTO
Salmo 145:1-7
Jeremías 31:31-34
Cantares 2:10-17
Cantares 8:6-7

EPÍSTOLAS
I Corintios 13:1-13
Efesios 3:14-21
Efesios 5:25-32
I Juan 4:7-11, 16

EVANGELIOS
Marcos 10:6-9
Juan 2:1-11
Juan 13:34-35

Sermón

Se puede presentar un corto sermón, cargos u otras respuestas a las Escrituras, si se desea.

Declaración de propósitos

PASTOR/A: *(Dirigiéndose a la pareja)* ¿Delante de Dios y de esta
                    congregación
                afirman ustedes su deseo de entrar en este pacto
                    matrimonial
                y compartir todas las alegrías y tristezas de esta nueva
                    relación
                y todo lo que el futuro les depare?

PAREJA: **Sí, lo afirmamos.**

PASTOR/A: *(Dirigiéndose al novio) (Nombre)*, ¿Recibes a *(Nombre)*
                    por tu esposa,
                para vivir con ella según la ordenanza establecida por Dios?
                ¿La amarás, honrarás y consolarás,
                en salud y en enfermedad,
                en prosperidad y en adversidad,
                y renunciando a todas las otras,
                te conservarás para ella solamente,
                mientras vivan?

NOVIO: **Sí, lo haré con la ayuda de Dios.**

PASTOR/A: *(Dirigiéndose a la novia) (Nombre)*, ¿Recibes a *(Nombre)*
                    por tu esposo,
                para vivir con él según la ordenanza establecida por Dios?
                ¿Lo amarás, honrarás y consolarás,
                en salud y en enfermedad,
                en prosperidad y en adversidad,
                y renunciando a todos los otros,
                te conservarás para él solamente,
                mientras vivan?

NOVIA: **Sí, lo haré con la ayuda de Dios.**

Oración

PASTOR/A: Dios nuestro, escucha nuestras oraciones
                de apoyo a la unión de *(Nombre)* y *(Nombre)*.

Bendícenos en la medida en que ofrecemos nuestras
    oraciones de amor
y sostén a este matrimonio.
Bendíceles en el nuevo compromiso que se hacen el uno
    al otro.
Permite que esta pareja siempre pueda testificar
sobre el amor verdadero que hoy se profesan y del
    cual somos testigos.
Que su amor continúe creciendo
y que sea un reflejo real de tu amor por nosotros.
Por Cristo Jesús. Amén.

Votos matrimoniales

PASTOR/A: *(Nombre)* y *(Nombre)*, ya que han declarado su deseo
    de casarse,
tómense las manos para que, con sus palabras de promesa,
se unan como esposo y esposa.

NOVIO: **Yo *(Nombre)*, me doy a tí *(Nombre)* para ser tu esposo.**
Prometo amarte, honrarte y sostenerte
en gozo y en tristeza,
en salud y en enfermedad,
en prosperidad y en adversidad
desde este día en adelante
y hasta que la muerte nos separe.

NOVIA: **Yo *(Nombre)*, me doy a tí *(Nombre)* para ser tu esposa.**
Prometo amarte, honrarte y sostenerte
en gozo y en tristeza,
en salud y en enfermedad,
en prosperidad y en adversidad
desde este día en adelante
y hasta que la muerte nos separe.

Intercambio de anillos

PASTOR/A: ¿Qué ofrecen como señal del pacto que acaban de hacer?

PAREJA: *Entregan los anillos al pastor o la pastora.*

PASTOR/A: Un pequeño anillo de metal precioso
era considerado por los antiguos como un emblema
    de eternidad,

ya que está hecho en tal forma que no tiene principio ni fin,
mientras que el metal precioso del cual está hecho
   este anillo,
se dice que es de tal modo incorruptible
que ni el tiempo ni el uso pueden dañarlo.
Permitan que esta unión solemnizada en esta ocasión
y sellada por este emblema,
sea incorruptible en su pureza
y tan duradera como el tiempo mismo.

NOVIO: *Colocará el anillo en la mano izquierda de la novia y repetirá
después del pastor/a.*
**(Nombre), te ofrezco este anillo
como señal de mi amor y fidelidad.**

NOVIA: *Colocará el anillo en la mano izquierda del novio y repetirá
después del pastor/a.* **(Nombre), te ofrezco este anillo
como señal de mi amor y fidelidad.**

Anuncio del matrimonio

PASTOR/A: Aquellos a quien Dios ha unido, no los separe otro
   ser humano.
(*Nombre*) y (*Nombre*), ustedes son ahora esposa y esposo
con la bendición de Cristo y de la Iglesia.
Sean misericordiosos,
bondadosos de corazón y humildes en pensamiento.
Acepten la vida nueva y sean pacientes y tolerantes el
   uno con el otro.
Perdónense, así como Dios les ha perdonado,
y sobre todas las cosas, ámense verdaderamente.
Permitan que la paz de Cristo permanezca en sus
   corazones.
Recuerden que como miembros de un solo cuerpo,
ustedes están llamados a vivir en armonía
y nunca olviden ser agradecidos por lo que Dios ha
   hecho por ustedes.

Bendición del matrimonio

PASTOR/A: La gracia de Cristo permanezca con ustedes,
el amor de Dios les cobije,
y el Espíritu Santo les sostenga

de tal manera que puedan crecer en amor santo,
encuentren la luz y sostén el uno en el otro siempre,
y permanezcan fieles hasta que la muerte los separe.

Presentación del matrimonio

PASTOR/A: *(Dirigiéndose a la congregación)* He aquí la nueva
familia (*Nombre*),
que Dios les prospere y les de muchos años de felicidad.

La pareja se vuelve de frente, se besan y miran hacia la congregación.

Cena del Señor (*opcional*)

Se puede celebrar la Cena del Señor como un acto opcional. Vea las páginas 15–19.

Bendición

PASTOR/A: Que el Señor te bendiga y te proteja;   *Números 6:24-26*
que el Señor te mire con agrado y te muestre su bondad;
que el Señor te mire con amor y te conceda la paz.

PUEBLO: **Amén.**

Un postludio u otra música apropiada puede seguir.

Culto funeral

Orden Litúrgico de Testimonio de la Resurrección

MODELO BÁSICO

La resurrección es una doctrina fundamental de la fe cristiana y le da forma a toda respuesta ante el suceso de la muerte. Por esto, el culto funeral da testimonio a la gran verdad de que Cristo venció a la muerte y nos da vida eterna a través de la dádiva de la salvación.

Cuando ocurre una muerte, el pastor y otros oficiales de la iglesia deben ser informados lo antes posible, para que así puedan proveer el consuelo y el apoyo apropiados a la familia y amigos, y ayudarles a hacer los arreglos que sean necesarios. El servicio por motivo de muerte se observará generalmente en el sitio acostumbrado de adoración, de manera que el servicio quede vinculado con la vida de la comunidad y sirva para testificar respecto a la resurrección. El pastor o la pastora dirigirá el servicio de adoración, pero podrá invitar a familiares, amigos y líderes de la iglesia a participar del mismo. Este orden de culto está hecho para ocasiones en donde el cuerpo o las cenizas están presentes, pero puede ser adaptado para utilizarlo como un servicio memorial.

Colocación del paño mortuorio *(opcional)*
Pasajes de la Escritura
Salmo, himno o cántico
Oración
Confesión
Declaración de perdón
Oración de iluminación

Lectura(s) bíblica(s)
Sermón
Afirmación de fe
Himno
Oraciones de gratitud, súplica e intercesión
Salmo, himno o cántico
Cena del Señor *(opcional)*
Comisión
Bendición
Procesión

ORDEN CON TEXTOS LITÚRGICOS

Colocación del paño mortuorio (*opcional*)

Un paño puede colocarse sobre el féretro cerrado al momento que se recibe el cuerpo a la entrada de la iglesia, o en caso de que haya procesión se puede hacer antes. Esto se hace para que toda la atención del servicio esté dirigida a Dios y para recordarnos que, al ser bautizados/as, somos revestidos/as de Cristo. Mientras se coloca el paño, la pastora lee uno de los siguientes versículos:

(1)

PASTOR/A: Pablo nos recuerda que al unirnos   *Gálatas 3:27*
     a Cristo en el bautismo,
    hemos quedado revestidos de Cristo.
    En su bautismo *(Nombre)* fue revestido de Cristo;
    en el día de la venida de Cristo,
    él/ella quedará revestido de gloria.

(2)

PASTOR/A: «¿No saben ustedes que,   *Romanos 6:3-5*
    al quedar unidos a Cristo Jesús en el bautismo,
    quedamos unidos a su muerte?
    Pues por el bautismo fuimos sepultados con Cristo,
    y morimos para ser resucitados y vivir una vida nueva,
    así como Cristo fue resucitado por el glorioso poder
     del Padre.
    Si nos hemos unido a Cristo en una muerte como la suya,
    también nos uniremos a él en su resurrección.»

Puede tocarse música apropiada mientras se reúne la congregación. Los presentes deben ponerse de pie cuando el pastor y los demás líderes del culto entren. Si hay una procesión a la entrada del lugar del culto, el/la pastor/a debe dirigirla mientras la congregación canta un salmo o un himno. O bien, el/la pastor/a puede repetir o cantar una o más porciones de la Escritura que aparecen abajo. Si el féretro o la urna de cenizas ya están adentro, entonces el/la pastor/a empieza el servicio con una o más de las porciones mencionadas.

Pasajes de la Escritura

ANTIGUO TESTAMENTO
Deuteronomio 33:27
Isaías 41:10

SALMOS
Salmo 46:1
Salmo 124:8

EPÍSTOLAS
Romanos 6:3-5
Romanos 8:38-39
Romanos 14:8
2 Corintios 1:3-4
1 Tesalonicenses 4:14, 17-18
1 Pedro 1:3-4
Apocalipsis 1:17-18
Apocalipsis 14:13

EVANGELIOS
Mateo 5:4
Mateo 11:28
Juan 11:25-26
Juan 14:27

PASAJES COMBINADOS
Salmo 103:13; Isaías 66:13
Juan 10:14; Isaías 40:1
Apocalipsis 1:17-18; 21:6; 22:13; Juan 14:19

Salmo, himno o cántico

Oración

PASTOR/A: El Señor sea con ustedes.

PUEBLO: Y también contigo.

PASTOR/A: Oremos.

Después de un breve silencio, el pastor o la pastora puede usar una de las siguientes oraciones u otras semejantes.

(1)

PASTOR/A: Dios eterno,
              Creador del cielo y de la tierra:
              tú nos formaste del polvo de la tierra,
              y con tu aliento nos diste vida.

Te glorificamos.
Jesucristo,
tú eres la resurrección y la vida:
tú probaste la muerte por toda la humanidad,
y al levantarte de la tumba
abriste el camino de la vida eterna.
Te alabamos.
Espíritu Santo,
Autor y dador de la vida:
Tú eres el Consolador en nuestras tristezas,
nuestra absoluta seguridad
y nuestra esperanza eterna.
Te adoramos.
A tí, oh bendita Trinidad
sean la gloria y el honor, por siempre jamás.[11]

PUEBLO: **Amén.**

(2)

PASTOR/A: Oh Dios que nos diste la vida,
tú estás más dispuesto a escucharnos
que nosotros a orar.
Tú conoces nuestras necesidades antes de que te
   las pidamos,
muéstranos tu gracia para que, al enfrentar el misterio
   de la muerte,
podamos ver la luz de la eternidad.
Danos otra vez tu solemne mensaje de vida o muerte.
Ayúdanos a vivir como aquellos preparados para morir,
y cuando nuestros días terminen,
capacítanos para morir como los que buscan la vida,
de manera que viviendo o muriendo, nuestra vida
esté en Jesucristo el Señor resucitado.

PUEBLO: **Amén.**

(3)

PASTOR/A: Dios eterno, te bendecimos por la gran compañía de
aquellos y aquellas que permanecieron en la fe,

---

    11. Adaptado y traducido de «Eternal God» de *A Service of Death and Resurrection*, © 1979, 1980, 1985, 1989, 1992. Casa Metodista Unida de Publicaciones. Usado con permiso.

que terminaron la carrera,
y que ahora descansan de sus trabajos.
Te alabamos por las personas que amamos
a quienes mencionamos en nuestro corazón delante de ti...
Especialmente te damos gracias por *(Nombre)*
a quien has recibido en tu presencia.
Ayúdanos a creer en lo que no hemos visto,
confiando en que nos guiarás a través de los años.
Llévanos finalmente a donde están todos los santos,
al gozo de tu casa
a través de Jesucristo, nuestro Señor.

PUEBLO: **Amén.**

(4)

PASTOR/A: Dios eterno,
reconocemos la incertidumbre de nuestra vida sobre
    esta tierra,
tenemos apenas un puñado de días,
y el espacio de nuestra vida parece nada ante tus ojos.
Toda carne es como la hierba
y toda su belleza es como una flor del campo.
La hierba se seca y la flor se marchita;
pero tu Palabra permanece para siempre.
En esto encontramos nuestra esperanza,
porque tú eres nuestro Dios.
Aún en el valle de sombra de muerte,
tú estás con nosotros.
Oh Señor, déjanos conocer nuestro final
y el número de nuestros días,
para que así podamos aprender cuán pasajera es la vida.
Vuelve tu oído a nuestro clamor y escucha nuestras
    oraciones.
No guardes silencio ante nuestras lágrimas,
porque vivimos como extranjeros delante de ti,
como peregrinos vagando por la vida como nuestros
    antepasados.
Pero tú eres el mismo
y tus años no tendrán fin.

PUEBLO: **Amén.**

Confesión

PASTOR/A: Pidamos al Señor que limpie nuestros corazones,
               y perdone nuestros actos pasados,
               para renovar nuestra confianza en la bondad de Dios.

PUEBLO: **Dios santo, tú nos ves tal como somos,**
               y conoces nuestros más íntimos pensamientos.
               Te confesamos que somos indignos de tu cuidado
                  amoroso.
               Nos olvidamos de que la vida viene de ti y que
                  a ti regresa.
               No hemos buscado y hecho tu voluntad.
               No hemos vivido como hijos agradecidos
               ni hemos amado como Cristo nos amó.
               Sin ti somos nada.
               Tan solo tu gracia nos puede sostener.
               Señor, en tu misericordia, perdónanos.
               Sánanos y haznos completos.
               Líbranos de nuestro pecado
               y devuélvenos el gozo de nuestra salvación
               ahora y siempre. Amén.

Se pueden tomar unos momentos para orar en silencio.

Declaración del perdón

El pastor declara la seguridad de la gracia perdonadora de Dios utilizando alguna de estas palabras:

(1)

PASTOR/A: ¡Escuchen las buenas nuevas!   *Romanos 8:34,*
               ¿Quién podrá condenarlos?   *2 Corintios 5:17*
               Sólo Cristo,
               y Cristo murió por nosotros,
               resucitó por nosotros,
               reina en poder por nosotros
               y ruega por nosotros.
               Por lo tanto, el que está unido a Cristo
               es una nueva creación.
               Las cosas viejas pasaron;
               todas ellas han sido hechas nuevas.
               Sepan que son perdonados y perdonadas, y tengan paz.

Pueblo: **Amén.**

(2)

Pastor/a: La misericordia del Señor es de generación en generación.
Les declaro en el nombre de Cristo Jesús que
    son perdonados.
Que el Dios de misericordia que perdona los pecados,
les fortalezca en toda bondad,
y por el poder del Espíritu Santo les guarde en
    la vida eterna.

Pueblo: **Amén.**

Oración de iluminación

Antes de las siguientes lecturas, se puede decir una de las siguientes oraciones de iluminación.

(1)

Pastor/a: Señor de toda sabiduría,
calma las tempestuosas aguas de nuestros corazones
y quita otras voces que no sean la tuya,
para que podamos oír y obedecer
lo que tú dices en tu Palabra por medio de tu Espíritu.

Pueblo: **Amén.**

(2)

Pastor/a: Dios eterno,
tu amor por nosotros es eterno;
tan solo tú puedes cambiar la sombra de muerte
en la brillante luz de la mañana.
Ayúdanos a venir a ti con corazones de fe.
En la calma de esta hora háblanos de las cosas eternas,
para que, al escuchar las promesas de la Escritura,
podamos tener esperanza
y levantarnos más allá de la desolación a la paz de tu presencia;
a través de Jesucristo, Señor nuestro.

Pueblo: **Amén.**

Lectura(s) bíblica(s)

Es apropiado que haya lecturas tanto del Antiguo como del Nuevo Testamento y que estas incluyan una lectura de los Evangelios. Un salmo o un cántico puede ser incluido entre las lecturas. Lecturas sugeridas:

ANTIGUO TESTAMENTO
Job 19:23-27
Isaías 40:1-11, 28-31
Isaías 65:17-25
Lamentaciones 3:19-26
Daniel 12:1-3

SALMOS
Salmo 23
Salmo 39: 4-5, 12
Salmo 46: 1-5, 10-11
Salmo 121
Salmo 139: 1-12

EPÍSTOLAS
Romanos 8:14-23, 31-39
1 Corintios 15:20-26
Filipenses 3:20-21
Colosenses 3:1-17
1 Juan 3:1-3

EVANGELIOS
Mateo 5:1-12a
Mateo 25:31-46
Lucas 23:33, 39-43
Juan 3:16-21
Juan 11:17-27

Sermón

Se hace una breve reflexión sobre las lecturas bíblicas. En esta parte también se pueden incluir las expresiones de gratitud por la vida de la persona que ha fallecido.

Afirmación de fe

Se puede usar el Credo de los Apóstoles o cantar algún himno adecuado.

PUEBLO: **Creo en Dios Padre Todopoderoso,**
Creador del cielo y de la tierra;
y en Jesucristo, su único Hijo, Señor nuestro,
quien fue concebido por el Espíritu Santo,
nació de la virgen María,
padeció bajo el poder de Poncio Pilato,
fue crucificado, muerto y sepultado;

descendió a los infiernos;
al tercer día resucitó de entre los muertos;
ascendió al cielo
y está sentado a la diestra de Dios Padre Todopoderoso,
de donde vendrá a juzgar a los vivos y los muertos.
Creo en el Espíritu Santo,
la santa Iglesia Universal,
la comunión de los santos,
el perdón de los pecados,
la resurrección del cuerpo,
y la vida eterna. Amén.

Himno

Se puede usar un himno de fe y confianza.

Oraciones de gratitud, súplica e intercesión

Pueden usarse las siguientes, o puede hacerse una oración espontánea:

(1)

PASTOR/A: Oh Dios de gracia,
              tú nos has dado una nueva y viva esperanza en Jesucristo.
              Te damos gracias porque al morir
              Cristo destruyó el poder de la muerte
              y al levantarse de la tumba
              abrió el camino de la vida eterna.
              Ayúdanos a entender que porque él vive,
              nosotros también viviremos;
              y que ni la muerte ni la vida,
              ni las cosas presentes ni las por venir
              nos podrán separar de tu amor
              en Cristo Jesús nuestro Señor.

PUEBLO: **Amén.**

(2)

PASTOR/A: Oh Dios,
              ante quien las generaciones empiezan y terminan,
              te alabamos por todos tus siervos
              que, habiendo vivido esta vida en la fe,
              ahora viven contigo eternamente.
              Especialmente te damos gracias por tu siervo/a *(Nombre)*,

cuyo bautismo ha sido completado en la muerte.
Te alabamos por el don que ha sido su vida,
por todo lo que en *él/ella* fue bueno, bondadoso y fiel,
por la gracia que le regalaste
que encendió en *él/ella* el amor a tu hermoso nombre
y la capacidad para servirte fielmente.
Aquí se pueden mencionar las características de esta
　　persona y algunos ejemplos de su servicio.
Te damos gracias porque para *él/ella* la muerte es cosa
　　del pasado
y el dolor ha terminado,
y ahora disfruta del gozo que tú has preparado;
por medio de nuestro Señor Jesucristo.

PUEBLO:　　**Amén.**

(3)

PASTOR/A:　　Dios Todopoderoso,
en Jesucristo tú prometiste muchas moradas en tu casa.
Danos fe para ver mas allá de lo que tocamos y vemos,
para tener una señal segura de tu reino,
y para que, cuando la visión nos falle,
podamos confiar en tu amor que nunca falla.
Levanta esta pesada tristeza de nuestra alma
y danos una dulce esperanza en Cristo,
para que podamos caminar con valentía por esta vida,
y esperar con alegría esa reunión en la vida venidera,
por medio de Jesucristo nuestro Señor.

PUEBLO:　　**Amén.**

(4)

PASTOR/A:　　Por la familia de nuestro/a hermano/a
oremos al Señor Jesucristo,
que dijo, «Yo soy la resurrección y la vida.»
Señor, tú consolaste a María y a Marta en su angustia,
acércate a nosotros que lamentamos la pérdida de *(Nombre)*,
y seca las lágrimas de los que lloran.

PUEBLO:　　**Escúchanos Señor.**

PASTOR/A:　　Tú lloraste en la tumba de Lázaro, tu amigo;
consuélanos en nuestro dolor.

PUEBLO: **Escúchanos Señor.**

PASTOR/A: Tú diste vida a los muertos;
               gracias por darle a nuestro/a hermano/a la vida eterna.

PUEBLO: **Escúchanos Señor.**

PASTOR/A: Tú le prometiste el paraíso al ladrón arrepentido;
               gracias por darle a *(Nombre)* el gozo de estar en el cielo.

PUEBLO: **Escúchanos Señor.**

PASTOR/A: Nuestro/a hermano/a fue lavado/a en el bautismo
               y ungido/a con el Espíritu Santo;
               gracias por darle armonía con todos tus santos.

PUEBLO: **Escúchanos Señor.**

PASTOR/A: *Él/Ella* fue nutrido/a por tu mesa aquí en la tierra;
               gracias por darle la bienvenida a la mesa de tu
                   reino celestial.

PUEBLO: **Escúchanos Señor.**

PASTOR/A: Consuélanos en nuestras aflicciones por la muerte de
                   (Nombre);
               permite que nuestra fe nos sirva de consuelo,
               y que la vida eterna sea nuestra esperanza.

PUEBLO: **Amén.**

En la muerte de un niño o una niña:

(1)

PASTOR/A: Amante Dios,
               tú estás más cerca de nosotros cuando más te necesitamos.
               En esta hora de tristeza venimos a ti,
               confiando en tu amorosa misericordia.
               Te bendecimos por el regalo de este/a niño/a.
               Por su bautismo que lo unió a tu iglesia,
               por el gozo que le dio a cada persona que le conoció,
               por los preciados recuerdos que vivirán en nosotros
                   y nosotras,
               y por la seguridad de que *él/ella* vive para siempre
               en el gozo y la paz de tu presencia.

PUEBLO: **Amén.**

(2)

PASTOR/A: Oh Dios,
             tu amor cuida de nosotros en esta vida
             y nos vela en la hora de la muerte.
             Te alabamos por el gozo que nuestro Salvador encuentra
             en los niños y las niñas,
             y por la seguridad de que de ellos es el reino de los cielos.
             En nuestra tristeza, danos fortaleza
             para encomendarnos a nosotros mismos y a las personas
             que amamos
             a tu cuidado, que no falla.
             En nuestra confusión,
             ayúdanos a confiar cuando no podemos entender.
             En nuestra soledad,
             ayúdanos a recordar a *(Nombre)* con amor,
             confiando en que tú le cuidarás
             hasta el amanecer;
             por medio de Jesucristo nuestro Señor.

PUEBLO: **Amén.**

Después de una muerte repentina:

PASTOR/A: Dios compasivo,
             consuélanos con el gran poder de tu amor
             ahora que lamentamos la súbita muerte de *(Nombre)*.
             En nuestra pena y confusión
             ayúdanos a encontrar paz
             en el conocimiento de tu dulce misericordia para tus
                 hijos e hijas,
             y danos la luz que nos guíe
             a la seguridad de tu amor;
             por medio de nuestro Señor Jesucristo.

PUEBLO: **Amén.**

Después de las oraciones se puede dar un momento de silencio para la reflexión y la oración. También se puede dar un momento para que la familia o las amistades se expresen.

Cena del Señor (*opcional*)

Vea las páginas 15-19. Si no se celebra la Cena del Señor, las oraciones terminan con el Padre Nuestro.

Comisión

Se puede cantar un himno. La congregación se pone de pie. El pastor o la pastora mirando hacia el cuerpo pronunciará una de las siguientes oraciones:

(1)

PASTOR/A: En tus manos, oh misericordioso Salvador,
            encomendamos a tu siervo/a *(Nombre)*.
            Humildemente te adoramos porque has abrazado,
            a una oveja de tu propio redil,
            a un cordero de tu propio rebaño,
            a este/a pecador/a que tú mismo redimiste.
            Gracias por recibirle con el abrazo de tu misericordia,
            con el bendito descanso de la paz eterna
            y con la gloriosa compañía de los santos en la luz.

PUEBLO: **Amén.**

(2)

PASTOR/A: Santo Dios,
            con tu poder creador nos diste vida
            y por tu amor redentor nos has dado nueva vida en Cristo.
            Encomendamos a *(Nombre)* a tu cuidado misericordioso
            en la fe de Cristo nuestro Señor,
            quien murió y resucitó para salvarnos
            y que ahora vive y reina contigo y con el Espíritu Santo,
            un solo Dios, ahora y para siempre.

PUEBLO: **Amén.**

Bendición

(1)

PASTOR/A: Que el Dios de paz,   *Hebreos 13:20, 21*
            que resucitó de la muerte a nuestro Señor Jesús,
            los haga a ustedes perfectos y buenos en todo,

para que cumplan su voluntad;
y que haga de nosotros lo que él quiera, por medio
   de Jesucristo.
¡Gloria para siempre a Cristo!

PUEBLO: **Amén.**

(2)

PASTOR/A: La paz de Dios,   *Filipenses 4:7*
que sobrepasa todo entendimiento,
guarde nuestros corazones y nuestras mentes
en el conocimiento y el amor de Dios,
y del Hijo de Dios, nuestro Señor Jesucristo;
y que la bendición del Dios Todopoderoso,
el Padre, el Hijo, y el Espíritu Santo,
sea con ustedes hoy y siempre.

PUEBLO: **Amén.**

(3)   Que Dios en su interminable misericordia
traiga toda su iglesia,
a los vivos y a los que han partido,
a una gozosa resurrección
en el cumplimiento del reino eterno.

PUEBLO: **Amén.**

Procesión

La procesión se forma y abandona el templo con el pastor precediendo el féretro. Mientras la procesión se aleja del templo, un salmo, un himno o el cántico que está a continuación puede cantarse o repetirse. El paño se quita antes que el féretro salga y se coloque en el lugar del entierro.

PUEBLO: **Ahora, Señor, tu promesa está cumplida:** *Lucas 2:29-32*
puedes dejar que tus siervos/as vayan en paz.
Porque ya hemos visto la salvación
que has comenzado a realizar a la vista de todos
   los pueblos,
la luz que alumbrará a las naciones
y que será la gloria de tu pueblo Israel.
Gloria al Padre, y al Hijo, y al Espíritu Santo,
como era al principio, es hoy,
y habrá de ser por siempre. Amén.

El entierro

El ataúd debe de estar en el lugar del sepulcro. Antes de bajarlo a la fosa, o luego de bajarlo a la fosa, se realizará el ceremonial.

Lectura bíblica

El ministro puede seleccionar una o varias lecturas bíblicas:

(1)

«La vida del hombre es como la hierba;   *Salmo 103:15-18*
brota como una flor silvestre:
tan pronto la azota el viento, deja de existir,
y nadie vuelve a saber de ella.
Pero el amor del Señor es eterno
para aquellos que lo honran;
su justicia es infinita por todas las generaciones,
para los que cumplen con su pacto
y no se olvidan de obedecer sus mandatos.»

(2)

«Yo soy la resurrección y la vida.   *Juan 11:25b-26*
El que cree en mí, aunque muera, vivirá;
y todo el que todavía está vivo y cree en mí,
no morirá jamás. ¿Crees esto?»

(3)

«Hermanos, no queremos que se queden sin saber   *1 Tesalonicenses 4:13-18*
lo que pasa con los muertos,
para que ustedes no se entristezcan como los otros,
los que no tienen esperanza.
Así como creemos que Jesús murió y resucitó,
así también creemos que Dios va a resucitar con Jesús
a los que murieron creyendo en él.
Por esto les decimos a ustedes, como enseñanza del Señor,
que nosotros, los que quedemos vivos hasta la venida del Señor,
no nos adelantaremos a los que murieron.
Porque se oirá una voz de mando,
la voz de un arcángel y el sonido de la trompeta de Dios,
y el Señor mismo bajará del cielo.
Y los que murieron creyendo en Cristo, resucitarán primero;
después, los que hayamos quedado vivos seremos llevados,
juntamente con ellos, en las nubes, para encontrarnos con el Señor en
    el aire;
y así estaremos con el Señor para siempre.
Anímense, pues, unos a otros con estas palabras.»

(4)

«Después de eso el polvo volverá a la tierra, como antes fue,
y el espíritu volverá a Dios, que es quien lo dio.»   *Eclesiastés 12:7*

(5)

«Pero quiero que sepan un secreto: *1 Corintios 15:51-55*
No todos moriremos, pero todos seremos transformados
en un momento, en un abrir y cerrar de ojos,
cuando suene el último toque de trompeta.
Porque sonará la trompeta,
y los muertos serán resucitados para no volver a morir.
Y nosotros seremos transformados.
Pues nuestra naturaleza corruptible se revestirá de lo incorruptible,
y nuestro cuerpo mortal se revestirá de inmortalidad.
Y cuando nuestra naturaleza corruptible se haya revestido de lo
    incorruptible,
y cuando nuestro cuerpo mortal se haya revestido de inmortalidad,
se cumplirá lo que dice la Escritura:
"La muerte ha sido devorada por la victoria.
¿Dónde está, oh muerte, tu victoria?
¿Dónde está, oh muerte, tu aguijón?"»

Cántico

Entierro

El ataúd es bajado a la fosa o puesto en el lugar final de descanso. Mientras se hace este acto, el pastor o la pastora dirá:

PASTOR/A: En seguridad y certera esperanza de la resurrección a
                 la vida eterna,
             a través de nuestro Señor Jesucristo,
             nosotros encomendamos al Dios Todopoderoso
             a nuestro/a hermano/a *(Nombre)*,
             y encomendamos su cuerpo a la tierra,
             tierra a la tierra, ceniza a la ceniza y polvo al polvo.
             Dichosos de aquí en adelante   *Apocalipsis 14:13*
             los muertos que mueren en el Señor.
             Sí, dice el Espíritu, descansarán de sus trabajos,
             porque sus obras con ellos siguen.

El Padre Nuestro

Oración final

El pastor o la pastora podrá decir una oración como esta:

PASTOR/A: Oh Señor, apóyanos en todo este día
                 hasta que las sombras se alarguen
                 y venga el atardecer
                 y el mundo se quede en silencio,
                 y la fiebre de la vida se acabe
                 y nuestro trabajo esté terminado.
                 Entonces, en tu misericordia,
                 danos un refugio seguro,
                 un descanso santo,
                 y finalmente paz;
                 a través de Jesucristo nuestro Señor.

PUEBLO: **Amén.**

Bendición

El pastor or la pastora despedirá a la gente con una de las diferentes lecturas bíblicas.

(1)

PASTOR/A: Que la gracia del Señor Jesucristo,   *2 Corintios 13:13*
                 el amor de Dios
                 y la comunión del Espíritu Santo
                 estén con todos ustedes.

PUEBLO: **Amén.**

(2)

PASTOR/A: Que el Señor te bendiga y te proteja;   *Números 6:24-26*
                 que el Señor te mire con agrado
                 y te muestre su bondad;
                 que el Señor te mire con amor
                 y te conceda la paz.

PUEBLO: **Amén.**

(3)

PASTOR/A:	Dios les dará su paz, *Filipenses 4:7*

que es más grande de lo que el hombre puede entender;
y esta paz cuidará sus corazones y sus pensamientos
por medio de Cristo Jesús.

PUEBLO: **Amén.**

(4)

PASTOR/A:	Vayan en paz *Hebreos 13:20-21*

y que el Dios de paz,
que resucitó de la muerte a nuestro Señor Jesús,
los haga a ustedes perfectos y buenos en todo,
para que cumplan su voluntad;
y que haga de nosotros lo que él quiera,
por medio de Jesucristo.
¡Gloria para siempre a Cristo!

PUEBLO: **Amén.**

Procesión

Un salmo, himno, canto bíblico u otra música apropiada puede seguir.

Dedicación de un hogar

MODELO BÁSICO

Es la costumbre que la familia que dedica el hogar invita a la congregación a su hogar para realizar un culto y así poder ofrendar su hogar a Dios. Esto se hace para declarar a la comunidad y a la familia que todo lo que tenemos proviene de Dios. Por esto, todas nuestras posesiones son dedicadas y ofrendadas a Dios, quien es nuestro Dios Soberano, Creador y Dueño de nuestras vidas.

Saludo
Lectura bíblica
Himno o cántico
Reflexión
Oración de gratitud
Cántico de gratitud
Letanía de dedicación
Oración de dedicación
Cántico de clausura
Oración final y bendición

ORDEN CON TEXTOS LITÚRGICOS

Saludo

LÍDER: Nos congregamos aquí en esta casa,
reconociendo que es parte de las bondades del Señor,
pues tenemos y encontramos en el hogar:
abrigo, protección descanso, paz y comunión.
En gratitud por la bondad de poseer este hogar,
la familia *(Nombre)* dedica este hogar al Señor
para que sea un altar de adoración familiar
y reine la bendición espiritual.

Lecturas bíblicas recomendadas

Salmo 111:1-8
Salmo 127
Salmo 145:1-7
Lucas 10:38
Lucas 19:5, 9

Himno o cántico

Reflexión

Basada en alguna de las lecturas que aparecen ya mencionadas.

Oración de gratitud

PASTOR/A: Omnipotente Dios, te damos gracias
y te adoramos aquí en este hogar.
Tu presencia se revela sobre toda la tierra.
Estamos agradecidos por este lugar
donde habitamos como familia
y como pueblo tuyo.
Tus bondades son siempre manifiestas, oh Dios.
Gracias por este hogar *(casa, apartamento, etc.)*
y por esta familia a quien tú te has dignado en bendecir
de una manera tan especial.
Gracias por la salvación que nos ofreces en Jesucristo
y por tu compañía entre nosotros.
Por Jesucristo nuestro Señor.

PUEBLO: **Amén.**

Cántico de gratitud

Se sugiere un estribillo o cántico de adoración y alabanza, propios de nuestra cultura religiosa.

Letanía de dedicación

LÍDER: Que la fortaleza de los cimientos de esta casa esté en
           ti Señor.

PUEBLO: **Por tu misericordia, óyenos Señor.**

LÍDER: Que el Señor colme de bendiciones a los que viven en
           esta casa.

PUEBLO: **Por tu misericordia, óyenos Señor.**

LÍDER: Que cuantos moren en este lugar
           estén delante de tu presencia juiciosa y honestamente.

PUEBLO: **Por tu misericordia, óyenos Señor.**

LÍDER: Que la luz de tu Santa Palabra envuelva a estos tus hijos
           e hijas con claridad
           e ilumine sus pasos.

PUEBLO: **Por tu misericordia, óyenos Señor.**

LÍDER: Que el amor permanezca entre tus hijos y tus hijas,
           y que produzca un fruto abundante.

PUEBLO: **Por tu misericordia, óyenos Señor.**

LÍDER: Que las puertas de esta casa estén siempre abiertas
           para todos aquellos y aquellas que necesiten amistad
           y cariño, paz y consuelo.

PUEBLO: **Por tu misericordia, óyenos Señor.**

LÍDER: Que bajo este techo la voz sólo se alce para bendecirte,
           Señor.

PUEBLO: **Por tu misericordia, óyenos Señor.**

LÍDER: Que cuantos traspasen el umbral de esta casa
           sientan que llegan a una morada de paz y de seres que
           se aman.

PUEBLO: **Por tu misericordia, óyenos Señor.**

LÍDER: Que en esta casa, como en un santuario,
              se eleven oraciones al trono de la gracia
              implorando la ayuda, el sostén y la bendición que
                  todos necesitamos.

PUEBLO: **Por tu misericordia, óyenos Señor.**

LÍDER: Que muchas personas lleguen al conocimiento del Señor
              por el testimonio de los moradores de este hogar.

PUEBLO: **Por tu misericordia, óyenos Señor.**

LÍDER: Señor, te dedicamos este hogar en alabanza y gratitud
              para que sea el centro de expresión de tus bondades
                  y tu amor.

PUEBLO: **Así sea, Señor.**

Oración de dedicación

PASTOR/A: Eterno Creador,
              de quien procede toda gracia y todo don perfecto,
              te damos gracias, alabanza y loor
              por tus misericordias
              y tus cuidados para nuestras vidas.
              Has sido Dios proveedor de todo lo necesario,
              y estamos agradecidos.
              En este acto dedicamos a ti este hogar.
              Permite que sea un lugar santo donde tu presencia,
              y la del Espíritu Santo permanezcan siempre.
              Que tu Hijo, Jesús, sea huésped permanente,
              ministrándonos tu amor.
              Que este lugar tenga espacio para la paz
              y el amor en todo tiempo.
              Nosotros los aquí presentes y la familia *(Nombre)*
              dedicamos este hogar en el nombre del Dios Creador,
              del Hijo y del Espíritu Santo.

PUEBLO: **Amén.**

Cántico de clausura

Oración final y bendición

Ministerio a los enfermos

MODELO BÁSICO INCLUYENDO LA COMUNIÓN

La iglesia cristiana a través de los siglos a reído con los que ríen y a llorado con los que lloran o están en sufrimiento. La compasión, el visitar a los enfermos y el servir a los necesitados siempre a sido un ministerio de vital importancia para la iglesia cristiana. Esto era parte integrante en el ministerio terrenal de Jesús. La iglesia es una comunidad sanadora y restauradora. La comunidad de fe se compromete con los ministerios de cuidado mutuo en su adoración, y los miembros utilizan los recursos de la adoración al ofrecer cuidado pastoral en el hogar, hospital u otros contextos.

La imposición de manos y la unción con aceite

Jesús demostró el poder del toque humano como señal de sanidad y bendición. En su ministerio de sanidad, Jesús frecuentemente impuso sus manos a aquellas personas que estaban enfermas o sufriendo (por ejemplo, vea Mateo 9:18, Marcos 16:18 y Lucas 4:40). De la misma manera, el acto de ungir con aceite ha sido asociado con oraciones de sanidad desde el comienzo de la iglesia cristiana. Por ejemplo, Santiago 5:14 dice «Si alguno está enfermo, que llame a los ancianos de la iglesia, para que oren por él y en el nombre del Señor lo unjan con aceite». El ungir con aceite es un símbolo de la sanidad que da Cristo (el Ungido) y del poder del Espíritu Santo.

Cuando una persona se acerca a la pastora o a un anciano para que haga una oración de sanidad, ella o él pueden presentar una petición específica por sanidad o pueden presentarse en silencio. El pastor o anciana ponen sus manos sobre la cabeza de la persona y hace una oración de bendición apropiada a la petición (si es pertinente). Por ejemplo: «(Nombre), que el Dios de toda misericordia perdone tus pecados, te libere de tu sufrimiento y restaure todas tus fuerzas». El que está recibiendo la oración de sanidad puede decir «Amén».

Una pequeña cantidad de aceite de oliva (tal vez mezclado con otros aceites aromáticos) es preparada de antemano en un envase apropiado. Este envase debe ser un plato de poca profundidad, lo suficientemente pequeño para descansar fácilmente en la mano. El pastor o la pastora pone su dedo pulgar en el aceite (una cantidad pequeña es suficiente) y entonces hace la señal de la cruz en la frente de la persona que está siendo ungida, diciendo «Yo te unjo con aceite en el nombre del Padre, del Hijo y del Espíritu Santo», o «Al ser ungido con este aceite, deseo que Dios te conceda ser ungido con el Espíritu Santo». La persona que sea ungida puede responder diciendo «Amén».

Llamamiento a la adoración
Himno o cántico
Confesión de pecados
Lectura bíblica
Breve sermón o reflexión bíblica
Cántico o himno
Imposición de manos y/o unción de aceite
Cena del Señor *(opcional)*
Oración de gratitud
El Padre Nuestro
Cántico o himno
Bendición

ORDEN CON TEXTOS LITÚRGICOS

Llamamiento a la adoración

Lecturas sugeridas: Salmo 34:1-7; 40:1-4; 42:1-5; 46; 95:1-5; 100

Himno o cántico

Himnario Presbiteriano: 31, 50, 56, 418
Cántico sugerido: «Dios está aquí»

Confesión de pecado

PASTOR/A: Misericordioso Dios, confesamos que hemos pecado contra ti
en pensamiento, en palabras y en actos.
Hemos pecado con lo que hemos hecho o con lo que
hemos dejado de hacer.
No te hemos amado con todo nuestro corazón, mente
y fuerza.
No hemos amado a nuestro prójimo como a nosotros/as
mismos.
En tu misericordia perdónanos por lo que hemos hecho.
Ayúdanos a enmendar y corregir nuestras faltas,
y dirígenos por el camino de tu perfecta voluntad.
Porque oramos en el nombre de Jesucristo. Amén.

Lecturas bíblicas sugeridas

Mateo 11:28, 29; Mateo 18:20; Juan 6:35-37; Apocalipsis 3:20

Breve sermón o reflexión bíblica

Cántico o himno

Himnario Presbiteriano: 359, 360, 362, 364
Cánticos sugeridos: «Los que confían en Jehová», «Estoy confiando», «Todo es posible»

Imposición de manos y unción con aceite

Luego de imponer las manos y ungir al enfermo/a con aceite, se puede orar diciendo:

PASTOR/A: Yo te unjo con aceite en el nombre del Padre, y del Hijo,
y del Espíritu Santo.

Se ora con y por el/la enfermo/a.

(1)

PASTOR/A: *(Nombre)* Que el Dios de toda misericordia perdone tus
pecados,
te libere de sufrimientos y dolor.
Te restaure y fortalezca totalmente.
Por su gracia y misericordia.
Y en su nombre oramos.

RESPUESTA: **Amén.**

(2)

PASTOR/A: Que el Dios de Abraham, de Isaac y de Jacob
te libere de todo mal y te restaure físicamente y
espiritualmente.
Para que continúes en novedad de vida bajo la gracia
de su nombre.
Porque oramos en el nombre de Jesús.

RESPUESTA: **Amén.**

Cena del Señor (*opcional*)
Vea las páginas 15-19.

Oración de gratitud

El Padre Nuestro

Cántico o himno
Himnario Presbiteriano: 1, 368

Bendición
Vea las páginas 48-49.